Warum ess' ich gerne Schokolade?

Meister Lyzian
in Gemeinschaft mit Wesen
aus dem Naturreich

Warum ess' ich gerne Schokolade?

Nahrungsmittel als Hilfe zur Selbsterkenntnis

übermittel von

Hermine Angerer und
Mechthilde Grasberger

ch. falk-verlag

Originalausgabe

Umschlaggestaltung: Ch. Riecken u. Ch. Falk

Satz: P S Design, Neetze
Druck: Druckerei Sonnenschein, Hersbruck
Printed in Germany

ISBN 3-89568-190-5

Inhalt

Danke !

Wir sagen Dank für die Unterstützung der letzten Jahre, damit dieses Buch entstehen konnte.

Wir danken den hohen Wesenheiten aus der geistigen Welt für ihre Führung und Liebe, vor allem Meister Lyzian, der uns den Anstoß zu diesem Buch gab und uns drei Jahre lang mit großer Geduld gelehrt, geleitet und all diese wunderbaren Botschaften übermittelt hat.

Unser großer Dank gilt auch allen Mitgliedern unseres Meditationskreises, die immer für uns da waren und ihre Energien bei den vielen Sitzungen zur Verfügung stellten.

Ebenso möchten wir uns bei unseren Freunden und Julia für ihre Unterstützung und Aufmunterung bedanken. Ihr habt uns immer wieder Mut gemacht, wenn unser Eifer zu erlahmen drohte.

Wir wünschen euch allen Gottes Segen, sein Licht und seine Liebe.

Mechthilde und Hermine

Vorwort

Liebe Leserin, lieber Leser,

„Du bist, was du isst!" Dieser bekannte und provokative Satz erhält in diesem Buch eine völlig neue Bedeutung. Mit Hilfe der geistigen Welt ist ein Werk entstanden, das für viele von Interesse sein kann. Durch die Übermittlung der hohen Wesenheiten, allen voran von Meister Lyzian, wurde uns die Bedeutung jedes einzelnen Nahrungsmittels mitgeteilt und erklärt.

Es ist der Wunsch der geistigen Welt, dass dieses Buch jedem zu seinem höchsten Wohle dienen möge. Sowohl durch eine gezielte Suche als auch durch intuitives Aufschlagen wirst du immer genau das erfahren, was in diesem Moment gerade für dich wichtig ist.

Mit Sicherheit wirst du dich in der einen oder anderen Beschreibung der Nahrungsmittel entdecken können, und wir hoffen, dass dir diese Aussagen helfen, dich und auch andere besser verstehen zu können. Benutze dieses Handbuch auch als Spiegel für dich, um dich selbst zu erkennen, vor allem aber, um dich lieben zu lernen.

Gestehe dir aber auch ein, dass du nicht alleine von der Bedeutung der Nahrungsmittel abhängig bist, sondern deinen Lebensalltag vollkommen frei gestalten und bestimmen kannst.

Obwohl die Aussagen über die Nahrungsmittel nicht auf wissenschaftlichen Forschungsergebnissen beruhen und noch keine Studien darüber existieren, wird es dich erstaunen, wie sehr du dich in diesen Beschreibungen finden kannst und welche Erkenntnisse durch dein Essverhalten zutage treten dürfen.

Wir wünschen euch allen, die ihr dieses Buch zur Hand nehmen werdet, viel Freude, Genuss und auch Heiterkeit beim Lesen – und natürlich ganz viele Erkenntnisse.

Teil A

Allgemeiner energetischer Hintergrund

Weshalb greifst du ausgerechnet zu einem bestimmten Nahrungsmittel, weshalb drängt es dich förmlich zu diesem oder jenem hin, und du möchtest es unbedingt haben?

Dieser Prozess läuft meist unbewusst in dir ab, weil sich innere Energiebahnen von dir zu dem entsprechenden Essen hinbewegen.

Eine wesentliche Rolle spielt dabei die Aura, die alle Menschen, Tiere und Pflanzen umgibt. Sie besteht aus vielen Schichten und Bereichen, die allesamt für verschiedene Vorgänge zuständig sind.

Innerhalb dieser Energiehülle existiert ein Kommunikationsfeld, das für die feinstoffliche Verbindung zu den Nahrungsmitteln maßgeblich ist.

Wichtig ist also rein das Gefühl oder das Verlangen, das dich zu einer bestimmten Nahrung hinzieht. Das Verhältnis, der Bezug, den du dazu aufbaust, ist entscheidend dafür, ob und in wie weit die energetische Bedeutung für dich zutreffend ist.

Im Vordergrund dieses Buches steht also die feinstoffliche Beschaffenheit und energetische Bedeutung der Nahrungsmittel. Der Nährstoffgehalt bzw. der gesundheitliche Aspekt spielt bei dieser energetischen Betrachtungsweise absolut keine Rolle.

Wie du deinen Körper am besten ernähren kannst, welche Vitamine und Nährstoffe du ihm zuführen solltest, kannst du dagegen in vielen anderen Büchern und Tabellen nachlesen.

Dies ist also keine Gebrauchsanleitung, etwas Bestimmtes zu essen oder nicht. Aber wenn du ein besonderes Verlangen nach einer Speise hast, wird dies ein interessanter Spiegeleffekt für dich sein, weil du dich durch diese Nahrung erkennen kannst.

Karma-Bezug

Bei manchen Speisen wird in diesem Buch auf karmische Bezüge hingewiesen. Deshalb soll mit kurzen Worten beschrieben werden, was es mit einer karmischen Angelegenheit auf sich hat.

Wenn du davon ausgehst, dass du diesen Planeten schon des Öfteren bewohnt hast, also mehrfach inkarniert warst, dann ist es sicher interessant, die Karma-Bezüge mit zu beachten.

Alles, was du tust, wirkt sich irgendwann wieder auf dich aus, auch wenn es schon vor vielen Jahrhunderten in einem früheren Leben geschehen ist. Dies ist das Gesetz von Ursache und Wirkung!

Wenn bei der Beschreibung der Nahrungsmittel von einem Karma die Rede ist, dann bezieht sich die beschriebene Eigenschaft auf ein Problem deines jetzigen Lebens, das durch ein einstmals gewonnenes Karma heute noch in dir vorhanden und somit zu einem Teil von dir geworden ist.

Manche Speise wird deshalb in dir eine Erinnerung auslösen (positiv oder negativ). Erschrecke dich nicht davor, sondern betrachte sie mit interessiertem Auge, da sich auf diese Weise manche aktuelle Problematik besser erklären und vielleicht sogar lösen lässt.

Teil B

Wie benutze ich dieses Wissen?

Sicher ist dir schon einmal aufgefallen, dass du ein plötzliches, übermächtiges Verlangen z.B. nach Schokolade verspürst. Hast du dich schon gefragt, weshalb gerade Schokolade in diesem Moment für dich so wichtig ist, oder warum du mehrere Wochen lang gerade dieses oder jenes Nahrungsmittel ständig vor Augen hast? Wenn du wissen möchtest, wieso du dieses Verlangen hast, was in diesem Moment in deinem Inneren vorgeht, welche Erkenntnis du erlangen möchtest, so schlage bei dem entsprechenden Nahrungsmittel nach.

Jeder starke Wunsch nach einem bestimmten Lebensmittel hat seine Bedeutung. Bei einer deutlich spürbaren Abneigung verhält es sich ebenso. In jedem Fall wird es für dich sehr interessant sein, nach dem „Warum“ zu suchen.

Dein Bezug zu Nahrungsmitteln kann auf einer Skala von extremem Verlangen über Neutralität bis zur äußersten Ablehnung reichen. Viele Personen verspüren nicht die extremste Form, sondern befinden sich bei 50%, 60%, oder 80% auf dieser Skala.

Im mittleren, neutralen Bereich sind die energetischen Bedeutungen weniger relevant. Je extremer die Tendenzen aber erkennbar sind, desto deutlicher treffen die Aussagen zu.

große Ablehnung	neutral	großes Verlangen
100% ←	0%	→ 100%

In der Regel entscheidest du selbst, was du essen möchtest. Dies geschieht intuitiv oder je nach Gelüsten, die du in dir verspürst. Diese Nahrung zeigt dir eine bestimmte persönliche Eigenschaft, und dadurch wirst du in die Lage versetzt, dich selbst besser zu erkennen. So kann ein Nahrungsmittel ein Hinweis für deine momentane Situation und Befindlichkeit sein.

Betrachtest du also die energetische Eigenschaft des Nahrungsmittels, so kannst du daraus ersehen, welche Bedürfnisse in dir stecken, auch wenn sie von dir manches Mal bewusst oder unbewusst verborgen gehalten werden.

Fragen und Antworten

Wie gehe ich nun mit diesem Wissen um?

Durch dieses Wissen kannst du dir und anderen behilflich sein, weil es der Selbsterkenntnis dient.

Die geistigen Lehrer raten aber vehement davon ab, dieses Wissen für Demonstrationszwecke zu missbrauchen oder sich daraus einen Spaß zu machen. Dafür ist es zu wertvoll.

Natürlich ist es genau so interessant und wissenswert, dieses Buch zur Hand zu nehmen, auch wenn kein akutes Bedürfnis besteht.

Kann ich mit diesem Wissen Menschen beurteilen?

Davor wird gewarnt. Fühle dich nicht gedrängt, jemanden zu verurteilen, obwohl du aufgrund einer erkennbaren Ausrichtung auf ein gewisses Nahrungsmittel schnell gerne Rückschlüsse ziehen würdest. Es kann sich auch nur um einen kurzzeitigen Hinweis handeln, der sich nach einigen Tagen schon wieder abschwächt.

Außerdem ist es für dich wichtig, diesen Menschen weiterhin als Ganzes zu lieben und zu achten, auch wenn die Hinweise oftmals sehr deutlich sind.

Interessant zu beobachten ist auch das Verhalten bei einem kalten Buffet. Wenn du dieses Buch studiert hast, kannst du Vieles entdecken, doch solltest du dein Wissen und deine Bemerkungen für dich behalten und es bei Tisch nicht zum Besten geben. Dies wäre nicht im Sinne der Nächstenliebe, weil du dadurch vielen Personen den Finger in die offene Wunde legen und sie bloßstellen würdest. Es ist nicht an dir, sie zu outen.

Wo und wann können diese Erkenntnisse angewandt werden?

Du kannst dein Wissen gerne im vertrauten Freundes- oder Bekanntenkreis weitergeben.

Dieses Hintergrundwissen über den betreffenden Menschen kann auch für therapeutische Zwecke angewandt werden (z.B. von Heilpraktikern oder Personen, die therapeutisch arbeiten). Es werden Dinge aufgedeckt, erkannt und zu Tage gefördert, die oftmals unbewusst sind und deren Entdeckung ansonsten etwas länger dauern würde.

In diesem Fall ist es also richtig und gut, wenn du dieses Wissen mit ernsthafter Absicht einsetzt.

Wie kann ich mit diesem Wissen eine erkannte Problematik ausgleichen?

Ratschläge werden in diesem Buch nicht erteilt, allenfalls werden hinführende, hinweisende, erkenntnisreiche Worte vermittelt. Dies ist der Sinn des Buches. Ansonsten würde dein freier Wille manipuliert werden. Aus diesem Grund wird generell auf eine Affirmation und einen Ratschlag verzichtet.

Es soll nur Verborgenes aufgedeckt werden, damit du dich erkennen kannst. Ab hier ist deine eigene Verantwortung und Eigeninitiative gefragt, wie du mit diesem Wissen umgehst. Vielleicht suchst du dir einen Therapeuten oder findest einen eigenen Weg, deine Problematik zu hinterfragen und aufzulösen. Dieser Entwicklungsschritt öffnet dir sodann wieder neue Möglichkeiten im Leben.

Insofern kann dieses Buch durchaus ein weiterführender Wegbegleiter sein. Du musst nur bereit sein, den Grund für deine Verhaltensweise in dir selbst zu suchen und dich mit dir zu befassen.

Sowohl karmische Ursachen können dabei maßgeblich sein wie auch Erlebnisse aus der Kindheit.

Solche Ursachen herauszufinden, kann zur Lösung des Problems beitragen. Denn im Erkennen der Ursache und im Wiedererleben ist es möglich, eine Thematik aufzulösen.

Kann ich durch das bewusste Essen einer bestimmten Nahrung deren innewohnende energetische Eigenschaften in mir hervorrufen?

Nein! Es wird generell darauf hingewiesen, dass durch die Einnahme eines Nahrungsmittels nur bewusst gemacht wird, was du brauchst, was dir fehlt, bzw. in welchem Zustand du dich zur Zeit befindest.

Ein bestimmtes Verhalten kann durch das Essen von Nahrungsmitteln also nicht hervorgerufen, sondern nur bewusst gemacht werden.

Es nützt dir nicht, eine entsprechende Nahrung, wie z.B. Bananen, im Übermaß zu dir zu nehmen, um somit eine überschäumende Begeisterung und Freude hervorzurufen. Dies allein reicht nicht aus. Vielmehr muss dein eigener Wunsch, „Freude haben zu wollen", in dir grundlegend vorhanden sein. Diese Energie des Wunsches bewirkt letztendlich die Entstehung der Freude in dir. Die Banane trägt mit ihrer innewohnenden Energie zur Bewusstwerdung dieses Wunsches bei.

Wie wende ich dieses Wissen bei Kindern an?

Möglichst vorbehaltlos, offen und wertfrei. Für die Eltern ist es interessant zu erkennen, welches Bedürfnis das Kind hat. Diese Erkenntnis sollte aber nicht dazu benutzt werden, die Bedürfnisse der Kinder zu steuern, zu lenken oder zu manipulieren. Durch eine gezielte Nahrungsaufnahme (energetisch betrachtet) würde man den kindlichen Aspekt ansonsten beeinflussen. Ist ein Kind z.B. traurig, so könnte man geneigt sein, ihm ein froh machendes Nahrungsmittel zu geben, obwohl man nicht den Hintergrund der Traurigkeit kennt. Deshalb ist es weder sinnvoll noch ratsam, Nahrungsmittel aus diesem Grunde einzusetzen.

Vielmehr ist es immer wichtig, Kindern möglichst schadstofffreie und abwechslungsreiche Nahrungsmittel zu geben.

Allgemeine Fragen im Umgang mit Nahrungsmitteln

Spielt es eine Rolle, woher das Nahrungsmittel stammt?

Energetisch betrachtet: nein. Es geht hier ausschließlich darum, ob du ein bestimmtes Nahrungsmittel gerne essen möchtest oder nicht (ohne Bezug auf Herkunft, Haltung, Konservierung usw.).

Viele Nahrungsmittel sind saisonbedingt und werden in dieser Zeit häufiger gegessen. Ist dies von Bedeutung?

Nein, denn auch im Winter könntest du plötzlich ein unglaubliches Verlangen z.B. nach Herzkirschen bekommen.

Was bedeutet es, wenn ich z. B. Salat aus Faulheit nicht verwerte, sondern wegwerfe?

Immer wieder verspürst du Wünsche in dir, bist aber nicht in der Lage, dir diese zu erfüllen, weil du bereits im Vorfeld oft aufgibst.

Wie verhält es sich, wenn man Nahrungsmittel so lange liegen lässt, bis sie verfaulen?

Dies ist ein Synonym für die eigene Selbstzerstörung. Du akzeptierst bewusst den Verfall, deshalb birgt dieses Verhalten einen etwas nachlässigen und zerstörerischen Aspekt in sich. Du neigst dazu, dich gehen und treiben zu lassen, weshalb du dich nur schwer aufraffen kannst, deine persönlichen Problematiken anzugehen. Letztendlich hältst du dich dadurch auch von deiner eigenen seelischen Entwicklung ab.

Was bedeutet es, wenn ich nicht in der Lage bin, Obst zu ernten, weil es z.B. zu hoch hängt und dadurch nicht erreichbar ist?

Wenn aus Schwäche oder mangelnder Möglichkeit nicht geerntet werden kann, so darfst du dir durchaus sicher sein, dass in dir der Wunsch besteht, deine seelische Entwicklung voranzutreiben. Auch wenn du dazu noch nicht alle Möglichkeiten besitzt, so werden sich diese im Laufe der Zeit bei dir einstellen.

Wäre es deshalb förderlich, Obstbäume auf eine erreichbare Größe zu kürzen?

Die Größe des Baumes spielt letztendlich keine Rolle. Wenn aber Bäume deshalb zugeschnitten werden, um möglichst auch künftig alle Früchte ernten und verwerten zu können, zeigt sich darin, dass du sehr achtsam mit dir selbst umgehst und dich in allen Bereichen ernst und wichtig nimmst.

Oft muss ich mich dazu überwinden, das Obst aufzuheben und zu verwerten.

Dies ist ein sehr reizvoller Aspekt, weil hier deine Seele trotz größter Widerstände bereit ist, sich weiterzuentwickeln. (Sie empfindet es als Muss, aber letztendlich will sie es auch.)

Ich verschenke gerne überschüssige Früchte.

Es ist eine ruhige, ehrwürdige Geste und beinhaltet keinerlei Nachteile oder negative Auswirkungen für dich, weil zumeist aus einem Überfluss heraus gehandelt wird.

Ich freue mich, wenn das Gemüse wächst, verschenke es aber nach der Ernte.

Es gefällt dir, das Wachsen und Gedeihen zu betrachten, wenn aber die Zeit der Reife, der Ernte naht, entsteht in dir große Unsicherheit. Jetzt wäre es an dir, das Gereifte zu übernehmen, es weiterzutragen (wofür bislang z.B. die Staude, der Ast, das Wurzelwerk verantwortlich war). Du hast Angst davor, Verantwortung zu übernehmen, und würdest sie gerne jemand anderem übertragen. Aber nicht Leichtfertigkeit, sondern Unsicherheit ist hierfür der Grund.

Manche Leute geben den Überschuss in den Kompost.

Dies ist gut und richtig, denn am Anfang war das Sammeln und Auflesen der Früchte wichtig. Das heißt, hier hast du Sorge für die Ernte getragen und übergibst nun die Reste in den Kompost zur Umwandlung. Genau so kannst du dies auch als Transformation für dich selber sehen: Du nimmst Teile an, regenerierst, verwertest sie und arbeitest sie zu etwas Neuem um.

Hat es eine energetische Bedeutung, wenn Nahrungsmittel einfach nur im Vorratsraum vergessen werden?

Dies ist ein Gradmesser, wie verantwortlich du mit deinen eigenen Bedürfnissen und Wünschen umgehst.

Es zeigt, ob du bereit sein möchtest, diese hervorzuheben, zu bearbeiten, umzuwandeln, aufzunehmen, oder ob du sie brach liegen lässt, dich nicht darum kümmerst, bis die Energie des Bedürfnisses letztendlich vergangen ist.

Spielt es eine Rolle, in welcher Form ich Nahrungsmittel zubereite (z.B. frisch, eingefroren oder aus der Dose)?

Dies spielt keine Rolle! Dein Verlangen betrifft die Nahrung an sich, gleichgültig, in welcher Form du sie zu dir nimmst. Es ist also egal, wo und wie Nahrung gelagert wurde (z.B. Dosennahrung, Eingefrorenes, oder „frisch vom Markt").

Was bedeutet es, wenn ich Wurzelgemüse bevorzuge?

Du suchst dir das oft dann aus, wenn du dich in einer scheinbar ausweglosen Lage befindest, wenn du enttäuscht oder frustriert bist, das Gefühl hast, den „Kürzeren" gezogen zu haben, oder einfach nicht die Kraft hast, dich selbst zu behaupten. In dieser Zeit fehlt es dir an Basisenergie.

Was bedeutet es, wenn ich immer wieder Nahrungsmittel einkaufe (z.B. Käse, Obst, etc.) obwohl davon schon genügend zu Hause vorhanden ist?

Obwohl du erkennst, dass es eigentlich reichen würde, hortest du trotzdem weiter. (Beispiel: wenn du alle möglichen Traubensorten haben möchtest oder deinen Korb mit Mandarinen nicht voll genug bekommst und sogar noch einige Orangen darauf häufst, so dass es üppig aussieht). Bei solch einem Verhalten steht zum einen Aufdringlichkeit und Penetranz dahinter. Zum anderen kann es sich auch um eine alte karmische Erfahrung handeln (z.B. Hunger, Verderben, Kargheit, Armut oder Armseligkeit). Dies ist in vielen Fällen der Auslöser für hortendes Verhalten. Das heißt: Du bist oft verunsichert, ob es auch reicht.

Was geschieht, wenn ich ein Nahrungsmittel bearbeite? (Schälen, Kochen, Schneiden, als Soße, etc.)

Roh / gekocht:
Jede Behandlung und Veränderung eines Nahrungsmittels (z.B. beim Kochen), hat einen Energieverlust oder eine Energieumwandlung zur Folge. Dies kann bis zu 20% der Grundenergie ausmachen, dennoch bleibt die Grundsubstanz mit ihren energetischen Informationen nach wie vor erhalten.

Letztendlich besteht daher nur ein geringer Unterschied, ob ein Nahrungsmittel roh oder gekocht eingenommen wird.

Wenn eine Nahrung allerdings so komplett verändert wird, dass ihre ursprüngliche Form nicht mehr erkennbar ist (z.B. Marmelade), ist auch der Drang vorhanden, diesen Wesenszug, der durch dieses Nahrungsmittel charakterisiert wird, so zu verschleiern, dass er nicht mehr für andere erkennbar ist. (Wenn du z.B. keine gelben Rüben, jedoch Karottensaft magst, versuchst du die Aussage der Karotte: „Zweifel und Unsicherheit" anderen nicht zu zeigen.)

Anmerkung: Wenn du mit Vorliebe nur Gekochtes isst, weichst du gerne Konfrontationen, Auseinandersetzungen und Widerständen aus und umgehst diese auf galante und diplomatische Weise.

Besitzt du allerdings eine Vorliebe für rohe Nahrungsmittel, so kannst du auch mit Vehemenz Konfrontationen durchstehen.

Schälen:
Wenn du die Nahrungsmittel gerne und akribisch schälst, möchtest du Hintergründe auskundschaften und erfahren. Dieses Verhalten beinhaltet einen neugierigen Aspekt, der sich auf alle Lebenslagen beziehen kann. Hier finden sich Menschen, die sehr stichelig und bohrend sein können, weil sie die innersten Zusammenhänge erfahren möchten. Je kraftvoller der Schäler um die Frucht springt, desto vehementer ist auch der betreffende Mensch in dieser Hinsicht. Auch wenn du Früchte nur schälst, um sie bequemer essen zu können, ist dennoch der Hinweis auf ein neugieriges Verhalten gegeben.

Wenn du dagegen verhalten oder zaghaft schälst, möchtest du anderen nicht zu nahe treten.

Schneiden:
Im gleichen Verhältnis, wie sehr du Nahrungsmittel zerschneidest und zerkleinerst, bist du auch versucht, deine eigenen Gedanken oder Themen zu zerpflücken. Dies bedeutet, dass du oft ins Detail gehst, dich in Kleinigkeiten verlierst, oder alles bis in die kleinsten Bestandteile auflösen, bzw. ergründen möchtest.

Wie wirkt sich die Art der Zubereitung aus?

Die Nahrungszubereitung und Nahrungsbehandlung ist ein großer Spiegel für dich. Auf welche Weise du die Nahrung zubereitest und behandelst, so behandelst du dich auch selbst. Wenn du die Nahrung segnest, segnest du dich selbst. Wenn du sie achtest, achtest du dich selbst, wenn du sie liebevoll zubereitest, bist du auch liebevoll zu dir, wenn du ihr dankst, dankst du dir selbst.

Behandelst du dein Essen nachlässig, spiegelt sich darin ebenfalls wieder deine Einstellung dir gegenüber.

Was ich esse, bin ich selbst? Stimmt das?

Sehr wohl. Du kannst alle Formen der Nahrung zu dir nehmen, aber in liebevoller, dankbarer und respektvoller Weise, denn deine Nahrung transformiert sich und wird ein Teil von dir. So kommt dir dieses liebevolle Verhalten im Grunde selbst zugute.

Entsprechend behandelst du dich selbst und letztendlich auch deine Mitmenschen und deine Umwelt.

Was bedeutet es, wenn ich Gerichte bestimmter Länder bevorzuge?

Wenn ein bestimmtes Nationalgericht oder eine Landesspezialität bevorzugt wird, besteht in den meisten Fällen eine Erinnerung, bzw. ein Karma-Bezug an eine vergangene Inkarnation.

Es handelt sich immer um zwei Aspekte: zum einen, was die Esskultur aussagt, und zum anderen die Erinnerung der Seele an dieses Land, das mit dem Essen in Verbindung steht.

Je nachdem, ob es eine gute oder negative Erinnerung war, drängt es dich auch wieder zu dieser Speise hin, die du mit dem Land verbindest. Ist allerdings eine negative Erinnerung an ein bestimmtes Land vorhanden, dann schmeckt dir natürlich auch das dazugehörige Essen nicht, denn es hat dir auch nicht „geschmeckt", was du dort erlebt hast.

Ebenso kann sich dies auch auf Architektur, Schriften oder Kleidung beziehen. Mit all diesen Dingen kannst du dich dann in deinem jetzigen Leben verständlicherweise nicht identifizieren.

Beispiele:

Italienisch: freudige Mentalität, Großfamiliencharakter

Griechisch: ernsthaft, nachdenklich, gesetzt. Man möchte ausgelassen sein, aber eine gewisse Ernsthaftigkeit bleibt immer bestehen.

Chinesisch: verschlossene Mentalität. Informationen werden am liebsten nur in „geschlossener Gesellschaft", also unter seinesgleichen in der Gruppe weitergegeben und ausgetauscht. Die Gesprächsthemen sollen sicher verwahrt bleiben.

Bayrisch: „Dorfgemeinschaft". Grenzen werden offen überschritten. Etwas laut, tönend. Meinungen werden ohne Probleme weitergetragen, hinausposaunt, man ruft auch zum nächsten Tisch hinüber.

Manche Menschen haben eine sehr unterschiedliche Art, ihren Teller zu füllen. Was bedeutet das?

Wenn du deinen Teller überhäufst, möchtest du in erster Linie dir selbst genügen. Du bist dir selbst der Nächste. Bei diesem Verhalten zeigt sich Raffgier, haben wollen, nicht teilen mögen. Erst wenn eine Sättigung eingetreten ist, denkst du auch an andere.

Wer sparsam und sporadisch seinen Teller belegt, ist ein sehr vorsichtiger Menschentyp. Du achtest sehr auf Kleinigkeiten, bist teilweise empfindlich (nicht empfindsam) und sehr leicht beleidigt. Außerdem bist du sehr auf dein Äußeres bedacht, ebenso auf dein Auftreten und deine Wirkung.

Sind Menschen, die gerne Fleisch essen, sehr bodenständig?

Oftmals ja. Dies liegt auch an den vielen Erdungsenergien, die in der Fleischnahrung enthalten sind (siehe *Fleisch* im Teil C).

Ich möchte mich spirituell weiterentwickeln. Wäre es dann hilfreich, vegetarisch zu leben?

Fleischgenuss könnte sehr wohl für deine spirituelle Entwicklung ein Hemmnis sein, vor allem wenn sich deine Seele vorgenommen hat, in diesem Leben auf Fleisch zu verzichten.

Ist meine geistig/spirituelle Entwicklung beeinträchtigt, wenn ich viel Fleisch esse?

Wenn du sehr auf Fleischnahrung fixiert bist, besteht eine gewisse Tendenz, Feinstofflichkeiten nicht mehr so sehr wahrnehmen zu können, ... aber dennoch gibt es ebenso viele Fleischgenießer, die durchaus die Grenzen des Bewusstseins überschreiten können und dieses auch tun. Wenn du dich spirituell entwickeln möchtest, ist dies also jederzeit möglich, aber die Überwindung, vom Grobstofflichen (dem Materiellen) ins Feinstoffliche (das Geistige) hineinzuwandern, erscheint aufgrund der oben genannten Schwere etwas schwieriger und anstrengender.

Was bedeutet es, wenn ich Fleischsoßen mehr bevorzuge als Fleisch?

Du möchtest dich der Grobstofflichkeit, der Schwere, entziehen, aber dennoch gelangt dieser energetische Aspekt in abgeschwächter Form zu dir.

Spielt die Haltung der Tiere in Bezug auf die energetische Bedeutung des Fleisches eine Rolle?

Das Seelenempfinden der Tierwelt besitzt eine höhere und erweiterte Struktur als die der Pflanzennahrung. Es verhält sich ähnlich wie bei den Fischen, wobei das Leiden und das Empfinden hierbei eine große Rolle spielen. Ebenso kommt das Unverständnis der Tiere bei einer unachtsamen Haltung noch mit hinzu. Wenn also ein Tierprodukt gegessen wird, so bestimmt sein Aufenthaltsort und sein Werdegang durchaus seine energetische Hülle und seinen energetischen Abdruck, den es mitvermittelt.

Achtsamkeit und Respekt sind also wichtige Punkte, die bei der Tierhaltung beachtet werden sollten.

Oft werden Tiere mit vielen Medikamenten behandelt. Wie wirkt sich dies energetisch aus?

Spielt energetisch keine so große Rolle, außer bei einer sehr starken Behaftung. Hier käme zusätzlich zu der Schwere der Fleischenergie auch die feinstoffliche Wirkung des Medikamentes noch hinzu. Dies wird den Tieren „von außen" zugetragen. Beobachte, ob auch dir von außerhalb oft manche Problematiken angetragen werden.

Haben Innereien eine eigene Bedeutung?

Hier spielt weniger die energetische Bedeutung des Organs eine Rolle, als vielmehr seine Symbolik. Frage dich also: „Wie stehe ich selbst zu diesem Organ?" Z.B. Herz – Herzangelegenheiten, Lunge – wie steht es mit meinem Lebensatem, Hirn – was machen meine Gedanken, Leber – wie steht es mit meinen Emotionen usw.

Allgemein bedeuten Innereien, dass Verdecktes ans Tageslicht kommt. Du möchtest Verborgenes (auch Geheimnisse) aufdecken und bist auch bereit, ein Problem zu lösen, Fragen zu beantworten oder etwas zu ergründen. Wenn du könntest, würdest du auch die Titanic bis ins Detail erforschen.

Was bedeutet es für mich, ein Vegetarier zu sein?

Als Vegetarier lehnst du jede Art von Gebundensein ab, gleichzeitig trägst du einen sehr großen Freiheitsdrang in dir. Dieser bezieht sich jedoch mehr auf deine geistigen, feinstofflichen Bereiche und weniger auf die materiellen. Deine Seele befindet sich in einem Reifeprozess, deshalb hat sie bereits vor ihrer Inkarnation den Entschluss gefasst, in diesem Leben vegetarisch zu leben. So meidest du nun bewusst Fleischprodukte, die in ihrer Schwingung grobstofflicher sind, und fühlst dich demgemäß zu feinstofflichen Nahrungsmitteln (wie z.B. Salat od. Gemüse) wesentlich mehr hingezogen.

Obwohl Vegetarier, wie soeben erwähnt, die Feinstofflichkeit ausleben – welche ihnen zum Teil auch selbst innewohnt – ,besteht dennoch eine gewisse Einseitigkeit in ihrem Inneren, in ihrer Mentalität und auch in ihrem Temperament, da es ihnen oftmals an Gleichgewicht (Gegengewicht, Ausgleich) fehlt.

Bekomme ich als Vegetarier Mangelerscheinungen?

Diese Frage kann nicht eindeutig mit „ja", oder „nein" beantwortet werden. Ausschlaggebend ist der Grund, weshalb du dich dazu entschlossen hast, vegetarisch zu leben.

Hat deine Seele diesen Entschluss bereits in der geistigen Welt, also noch vor deiner Inkarnation gefasst, und diese Absicht also von Anfang an mitgebracht, so wird dein Körper keinen Schaden nehmen.

Gehörst du allerdings zu jener Gruppe von Menschen, die sich im Laufe ihres Lebens bewusst vegetarisch zu ernähren beginnen, ohne dass sie den seelischen, inneren Hintergrund und Entschluss in sich tragen, z.B. weil sie sich von einer Modeerscheinung angesprochen fühlen, so können durchaus Mangelerscheinungen auftreten. Grundsätzlich ist zu bemerken, dass die „wahren" Vegetarier nicht das Bedürfnis nach einem Ausgleich in Form von Fleischnahrung haben, während bei den Modevegetariern weiterhin das Verlangen nach Fleisch bestehen bleibt. Allerdings empfindet es der Modevegetarier anfangs nicht als Verzicht, kein Fleisch mehr zu essen, vielmehr widmet er sich euphorisch seinem Vorhaben. Erst im Laufe der Zeit treten Frustration und Mangelerscheinungen auf, oder es kann sich eine Unzufriedenheit in anderen Bereichen (z.B. in der Partnerschaft, in der Arbeitsstelle, usw.) entwickeln.

Wie verhält es sich mit Lebensmittelallergien?

Alle Lebensmittel, die eine Allergie oder auch körperliche Beschwerden hervorrufen, sind sehr ernst zu nehmen. Es gibt die unterschiedlichsten Ausdrucksformen von Allergie, der Ablehnung des Körpers von verschiedenen Nahrungsmittel.

Wenn der Wunsch nach einem Nahrungsmittel vorhanden ist, der Körper sich dagegen aber wehrt, kann dies in den meisten Fällen als Zeichen gesehen werden, dass die Seele letztendlich diesen Aspekt noch nicht annehmen möchte, der hinter der energetischen Aussage dieser Nahrung steht. Wenn z.B. ein Nahrungsmittel sehr viel Kraft und Stärke demonstriert und man gegen solch ein Nahrungsmittel eine Allergie entwickelt, dann hat diese Person sozusagen auch eine „Allergie" gegen Kraft und Stärke.

Es gilt dabei genau zu betrachten, welche Art von Allergien auftreten; und vor allem auch, an welchen Körperstellen. Dies ist wiederum ein interessanter Gradmesser für die Art der Ablehnung, bzw. der Blockade, die gegen diese Nahrung besteht.

Also immer nachforschen, weshalb gerade diese oder jene Stelle betroffen ist. Mit diesem Sinngehalt, diesem Aspekt, den das

Nahrungsmittel darstellt, sollte man sich auseinandersetzen und beschäftigen, um zu erkennen, was die Allergie für einen bedeutet. Hierzu könnte auch zum besseren Verständnis in Büchern nachgeschlagen werden, in denen die Bedeutungen der verschiedenen Körperzonen beschrieben sind.

Eine weitere Möglichkeit wäre, mit dem eigenen Körper in Form einer Meditation zu kommunizieren.

Eine Anleitung dazu findest du am Ende des Buches.

Was hat es damit auf sich, wenn alle Familienmitglieder die gleiche Unverträglichkeit besitzen?

Hier spielt der karmische Bezug der Familienmitglieder eine größere Rolle als die energetische Bedeutung der Essenswaren. Generell bedeutet diese allgemeine Nahrungsunverträglichkeit innerhalb einer Familie, dass ein sehr starker Familienverbund vorhanden ist, jedoch nicht aufgrund von wunderbaren, harmonischen Beziehungen, sondern aufgrund karmischer Beziehungen.

Dieses wirkt sich wie eine Kette zwischen den Familienmitgliedern aus, denn innerhalb eines Familiengeflechts werden oft karmische Verbindungen gesucht.

Die Art der unverträglichen Speisen kann in diesem Fall mit einem gewissen Ort, Zeitgeschehen oder Epoche in Zusammenhang gebracht werden.

Wenn du diese karmische Verbindung suchen möchtest, so können dir die daraus resultierenden Erkenntnisse wiederum als Spiegel dienen.

Ist eine Ablehnung und Unverträglichkeit von Nahrungsmitteln gleichzusetzen?

Nicht immer! Eine Ablehnung und Unverträglichkeit fallen nur sehr selten zusammen, während jedoch in vielen Fällen bei einer Unverträglichkeit ein gleichzeitiges Verlangen nach diesem Nahrungsmittel auftritt.

Vom energetischen Prinzip her gesehen verhält es sich so, dass ein Verlangen der Seele besteht, sie aber den Aspekt ablehnt, den dieses Nahrungsmittel darstellt. Du hättest also diese Eigenschaft gerne, kannst aber nicht damit umgehen.

(Wenn du z.B. eine Orangenunverträglichkeit hast, bedeutet dies, dass du dich nach dem „Aspekt“ der inneren und äußeren Ordnung sehnst, den die Orange repräsentiert, diesen aber nicht annehmen kannst.)

Wenn die Seele nicht bereit ist, die energetische Schwingung der Nahrung, also was sie repräsentiert, vollends zu akzeptieren und in sich aufzunehmen, wird der Körper als Ausdruck der Seele mit einer Allergie als Maßnahme darauf reagieren.

Ist Ablehnung gleichzusetzen mit einem starken Ekel ?

Der Ekel ist eine noch viel extremere Form und geht weit über die Ablehnung hinaus. Hier lehnst du alles, was mit der energetischen Thematik des Nahrungsmittels zusammenhängt, grundlegend ab.

In der Regel handelt es sich bei starkem Ekel um eine karmische Erinnerung, die oft mit einem traumatischen Erlebnis verbunden war. Beim Anblick dieser bestimmten Speise erinnert sich die Seele sodann wieder an dieses vergangene Geschehen.

Wie verhält es sich mit genveränderten Nahrungsmitteln?

Eine Genmanipulation hat keinen Einfluss auf die energetische Bedeutung der Nahrungsmittel.

Verschiedene Möglichkeiten der Ablehnung von Nahrungsmittel

Wenn du ein bestimmtes Nahrungsmittel ablehnst, kann es dafür viele Gründe geben. So vermeidet z.B. ein Anhänger der chinesischen Ernährungslehre Nahrungsmittel, die als kräftezehrend oder kräfteraubend gelten.

Ebenso kann eine Ablehnung aus religiösen Gründen (z.B. Schweinefleisch im Islam) oder aufgrund deines Respekts gegenüber der Natur (Vegetarier) bestehen. Des Weiteren können persönliche Überzeugungen und Prinzipien (z.B. nur einheimisches Obst zu essen) eine Rolle spielen. Aber auch verschiedene Allergien können vom Genuss bestimmter Nahrungsmittel abhalten.

Wie verhält es sich bei Diäten?

Egal, welche Diät du benutzt, immer versuchst du, eine gewisse Ordnung, Harmonie und Sicherheit anzustreben. Je nachdem, welche Speise du bei deiner Diät bevorzugst, bzw. strikt ablehnst, möchtest du dich auch mit der darin enthaltenen Thematik entweder befassen oder dich davon distanzieren.

Auch wenn du über einen bestimmten Zeitraum eine konkrete Nahrungszusammenstellung zu dir nimmst, verfolgst du ein gewisses Ziel, z.B. Hilfe und bestimmte Gesetzmäßigkeiten zu erlangen oder in dir einen Ruhepol zu finden.

Was bedeutet es, wenn Nahrung aus mehreren Bestandteilen besteht?

Wenn es sich z.B. um Mischobstarten handelt (z.B. Nashi-Birnen, Josta-Beeren etc.), können die energetischen Erkenntnisse beider Teile verwendet werden. Als Grundtendenz bei Mischobstarten ist allgemein Zweifel und eine gewisse Unentschlossenheit vorhanden.

Teil C

Nahrungsmittel von A – Z

Algen

Thema: Verallgemeinerung in allen Bereichen

Verlangen Individualität interessiert dich nicht so sehr. Du verallgemeinerst gerne und bist geneigt, alles über einen Kamm zu scheren. Obwohl du durchaus in der Lage wärest, auch Eigenarten zu erkennen, fällt es dir aber trotzdem schwer, diese zu unterscheiden. Dieses Bedürfnis ist nicht so sehr vorhanden.

Ablehnung Der Wunsch zum Differenzieren ist bei dir erkennbar. Du unterscheidest durchaus das Eine vom Anderen und verspürst nicht den Drang, die Dinge zu verallgemeinern.

Ananas

Thema: Neuankommendes, Überraschungen

Verlangen Du freust dich immer sehr, wenn Überraschungen auf dich zukommen und nimmst diese gerne an, auch wenn oft Konsequenzen damit verbunden sind, die du gerne ablehnen würdest. Dennoch zeigst du Mut und Bereitschaft, Neuigkeiten immer wieder anzunehmen. Nachdem du die Überraschung verarbeitet hast, bist du in der Lage, daraus etwas Neues gestalten zu können.

Ablehnung Du liebst keine Überraschungen, bist nicht erbaut davon.

Äpfel

Thema: wegweisend, wenn du dich auf einer Suche befindest

Verlangen Du bist im Expandieren begriffen und auf der Suche nach neuen Eindrücken, Erklärungen und Erkenntnissen, die dir helfen sollen, einen klaren Weg für dich zu finden, weil du dich momentan vielleicht ein bisschen aussichtslos fühlst.

Ablehnung Eine zurücknehmende Phase. Hier entsteht eine Suche in deinem Inneren, die oft unbewusst abläuft. In dieser Zeit hast du das Gefühl, im Außen, also im Alltag, nicht so gut zurechtzukommen. Du suchst besonders nach Erklärungen, warum dieses oder jenes passiert ist, und versuchst die Verletzungen oder das Erlebte zu ergründen und verstehen zu können. Sodann kannst du wieder Kraft schöpfen und dich neu orientieren.

Anmerkung Wenn Äpfel z.B. geschabt oder zerkleinert werden, verzettelst du dich in verschiedenen Richtungen; du schneidest dir sozusagen in bestimmten Situationen manche Wege damit ab. Apfelsaft dagegen ist klärend.

Aprikose

Thema: Aufforderung zur Karmabewältigung

Verlangen Überlege, was deine Emotionen zurzeit besonders aufwühlt. Wer hat mich in letzter Zeit besonders geärgert, welcher Umstand, welches Thema? Hass - Wut und Rachegedanken kommen bei dir momentan verstärkt zum Ausdruck. Auch Niedertracht wird groß geschrieben. Letztendlich bedeuten diese scheinbar negativen Energien nichts Schlechtes, zumal dadurch die Loslösung einer Karmaangelegenheit bewirkt werden kann.

Ablehnung Eine sehr neutrale Zeit. In dieser Zeit besteht bei dir kein großer Bedarf, karmische Belange zu klären.

Anmerkung Eine generelle Ablehnung bedeutet aber nicht zwingend, dass Karmaauflösungen in diesem Leben kein Thema für dich sind. Es wäre zu einfach, wenn du dies vom Genuss von Aprikosen abhängig machen würdest. Ein besonderer Drang nach Aprikosen kann aber als Spiegel dienen, der dich auf den Weg zur Karmabewältigung führt. Deshalb benötigst du manches Mal einen bestimmten Bezugspunkt, um auf eine Thematik gestoßen zu werden.

Artischocke

Thema: Aufsicht üben

Verlangen Gerne hältst du das Zepter in der Hand und möchtest den Überblick behalten, wer was wie macht und ob dies auch richtig gemacht wird. Du bist auch überzeugt davon, den Überblick und die Kompetenz zu besitzen, um die Aufsicht führen zu können. Egal ob dies z.B. im Haushalt, im Vereinsleben oder auch im Beruf zum Ausdruck kommt. Es liegt dir sehr, zu dirigieren bzw. zu delegieren. Hier kommt ein wenig das Naturell eines Lehrers zum Vorschein. Manchmal wirkst du wie ein kleiner Besserwisser, vor allem dann, wenn du dich selbst zu überschätzen beginnst.

Ablehnung Es ist nicht deine Art, am Anfang im Vordergrund zu stehen. Obwohl du des Öfteren denkst: „Ich wüsste eigentlich Bescheid, wie es besser ginge, lauft nur in euer Unglück. Ich weiß ja Bescheid." Anschließend kannst du dann mit deinem Wissen prahlen und nutzt es im Nachhinein aus. Auf diese Weise demonstrierst du, dass du es besser gewusst hättest. Somit stehst auch du im Vordergrund!

Aubergine

Thema: weissagend

Verlangen Du genießt es, in Gesellschaft sowohl interessante Mutmaßungen als auch verschiedene okkulte Thesen aufzustellen und Mystisches (Prophezeiungen, Visionen) von dir zu geben. Deine Mitmenschen hören dir aufmerksam zu, wenn du mit Freude solche Themen „orakelnd" weitergibst. Natürlich liebst du dieses Spiel und stehst damit oft im Zentrum der Aufmerksamkeit. Auch schätzt man deine liebevolle Art, zumal du es gut verstehst, dich bei deinen Zuhörern nicht aufzudrängen.

Ablehnung Gibst du Prophezeiungen weiter, so packst du sie nicht in eine Phantasiegeschichte wie der Gerne-Esser ein, sondern erzählst klipp und klar, was der Seher gesehen hat (sachliche Mystik). Das Orakeln liegt dir nicht, sondern du versuchst, die Themen rein sachlich wiederzugeben.

Avocado

Thema: Genusssucht

Verlangen Deine Emotionen sind so stark, dass du dich ihnen oft unterlegen fühlst. Diesem inneren Trieb folgend, suchst du ständig nach Genüssen (auch sexueller Art). Dein Bedürfnis ist so stark, dass man dich mit einem Tiger im Käfig vergleichen könnte, der immer hin und her rennt. Oder wie ein Schwimmbecken, in das ein Eimer Wasser geschüttet wird. Das Becken ist noch lange nicht gefüllt, aber du freust dich über jeden Wassertropfen und brauchst mehr und mehr. Durch das ständige Suchen nach neuen Anreizen wirkst du für deine Umgebung manches Mal etwas abwesend und nervös, trotzdem bezeichnen dich die meisten Menschen als liebenswert und pflegeleicht.

Ablehnung Dich drängt es bei weitem nicht so stark nach verschiedenen Genüssen, deshalb würdest du auch nicht alle Hebel in Bewegung setzen oder Berge erklimmen, nur um dieses Ziel zu erreichen. Deine Emotionen beherrschen dich weitaus weniger und du kannst ein momentanes Bedürfnis durchaus zur Seite stellen, ohne dabei unruhig und quengelig zu werden.

Banane

Thema: Freude, Begeisterung

Verlangen Du wünschst dir Freude, Lebenslust und Frohsinn und möchtest Begeisterung erleben.

Wenn du die Banane mit vollen, herzhaften Bissen genießt, bist du auch in der Lage, Lebensfreude, Lebenslust großzügig in dich aufzunehmen. Zerkleinerst du die Banane, so zerkleinerst du dir auch die Lebensfreude und die Lebenslust und bist nicht bereit, diese in vollen Zügen anzunehmen und zu genießen.

Ablehnung In dir ist mehr eine neutrale Freude vorhanden, deshalb untersagst du dir oft Lebensfreude oder Lebenslust. Für dich ist ein ständiger Freudensausbruch nicht so wichtig, und du würdest es vielleicht sogar ein bisschen kindisch und kitschig finden, wenn sich andere über alles Mögliche freuen können.

Barsch

Thema: Austausch von Informationen

Verlangen Deine Kommunikationsfreude ist sehr groß. Deshalb gibst du gerne und mit wahrer Begeisterung dein Wissen ständig weiter und versorgst deine Umwelt mit Informationen, die sowohl wichtig als auch nebensächlich sein können. Für dich ist es ein großes Bedürfnis, alles, was du weißt oder gesehen hast, mitzuteilen. Deshalb würde es dir auch nichts ausmachen, Flyer, Merkblätter usw. am Straßenrand zu verteilen.

Ablehnung Du besitzt viele Informationen, die du weiterleiten könntest, aber du sortierst und wägst genau ab, was du weitergibst, denn du bist der Ansicht, genau bestimmen zu können, für wen die Information wichtig ist und für wen nicht.

Birne

Thema: Lieblichkeit, Zurückhaltung, gespielte Demut, weiß zu manipulieren

Verlangen (Bild: junges Mädchen mit verschämtem Blick)

Ein verspielter, liebevoller Charakter mit viel Witz, Esprit und Frische, der gerne mit seinen erotischen Reizen spielt und sie bewusst einsetzt. Mit Verlockungen und Versprechungen gefällt es dir, andere um den Finger zu wickeln.

Ablehnung (Bild: strenge Gouvernante)

Dir würde es nie in den Sinn kommen, manipulierende Möglichkeiten einzusetzen, um auf diese Weise etwas zu erreichen. Du zeigst Themen sachlich auf und möchtest diese bewusst und prägnant behandelt wissen.

Anmerkung Bei getrockneten Birnen wirkt dein Esprit, dein Witz und deine Aktivität etwas „vertrocknet". Hier fehlt die Lebenskraft, das Sprudelnde. Vielleicht sprichst du auch etwas langsamer.

Bitteres

Thema: Eigenverantwortung

Verlangen Du hast keine Probleme, für dich selbst Verantwortung zu übernehmen. Sei es in gesundheitlichen oder alltäglichen Dingen, ebenso profitiert auch deine Umgebung von deiner verantwortlichen Einstellung.

Ablehnung Es ist dir lieber, wenn sich andere um deine Belange kümmern, weil du dich für Eigenverantwortlichkeit oftmals zu schwach fühlst. Der Ursprung dieser Schwäche kann oft in karmischen Angelegenheiten gefunden werden. Diese gilt es zu erforschen, wenn du herausfinden möchtest, weshalb dir das Verantwortung übernehmen oftmals so schwer fällt.

Blaukraut

Thema: Vertraulichkeiten wecken

Verlangen Es ist eine liebevolle Eigenheit von dir, mit anderen sehr vertraut zu wirken, um von deren Glanz und Erfolg etwas abzubekommen. So stehst du selbst auch ein bisschen unter dieser Sonne, die allerdings in erster Linie über dem anderen leuchtet. Mit dieser Vertrauen gewinnenden Technik hast du dich bei demjenigen eingeklinkt und gehörst sozusagen dazu, wodurch du dich groß und stark fühlst. Dieser Weg erscheint leichter, befriedigt dich aber im Endeffekt nicht wirklich, weil du immer nur vom Abglanz des anderen profitierst. Nur Unsicherheiten bzw. eine kleine Antriebsschwäche lassen dich diesen Weg einschlagen. Du könntest für dich selbst auch einiges erreichen, aber deine Bequemlichkeit steht dir dabei ein bisschen im Wege.

Ablehnung Du besinnst dich mehr auf deine eigenen Möglichkeiten, greifst auf deine Machbarkeiten zurück und möchtest selbst etwas darstellen und vollbringen. Auch wenn du weißt, dass es dir nicht immer ganz gelingt, versuchst du es doch, denn du sonnst dich nicht gerne im Glanz eines anderen.

Blumenkohl

Thema: Du suchst nach Bestätigung

Verlangen Du möchtest gesehen und anerkannt werden und wünschst dir viel Aufmerksamkeit.

Ablehnung Wenn du Blumenkohl verschmähst, dann mangelt es dir ein wenig an deiner Selbstschätzung. Hier dürftest du wesentlich mehr Selbstbewusstsein entwickeln.

Bohnen (grün)

Thema: Aufmerksamkeit und Interesse für sich und andere

Verlangen Die Aufmerksamkeit gegenüber dem Befinden von anderen Lebensformen ist ein sehr aufmerksamer und liebevoller Aspekt von dir. Hier zeigt sich ein ernsthaftes Interesse mit der Tendenz, anderen helfen zu wollen und dies auch zu können. (Keine Schaumschlägerei.) So ist auch die Bereitschaft zur wirklichen Hilfe gegeben.

Ablehnung Wer Bohnen ablehnt, ist im Gegenzug eher defensiv. Du bemerkt zwar, wenn jemand etwas benötigt, aber das Bedürfnis, deine Aufmerksamkeit und dein Interesse dem anderen auch zuzuwenden, ist hier nicht so stark gegeben.

Bohnen (weiß)

Thema: Standfestigkeit

Verlangen Oft beharrst du sehr auf deinem Standpunkt und bist nicht gerne bereit, diesen loszulassen. Auch wenn die halbe Welt eine andere Meinung vertritt, so bleibst du trotzdem bei deiner Ansicht.

Ablehnung Gute Argumente können dich schon mal von deinem Standpunkt wegbewegen. Man kann mit dir über Themen diskutieren, du wirkst gefälliger und bist auch bereit, eine andere Meinung anzunehmen, obwohl dieses Verhalten oft aus einer Unsicherheit heraus resultiert. Du würdest gerne gegen die ganze Welt rebellieren, aber du getraust dich nicht, lieber gehst du Kompromisse ein.

Bonbons

Thema: Vergnüglichkeit, leichte Dinge

Verlangen Der Aspekt des Festhalten-Wollens herrscht hier vor. Bei der Bewältigung der Problematik, die mit dem Thema Vergnüglichkeiten in Zusammenhang steht, lässt du dir lieber etwas mehr Zeit, obwohl der Wunsch vorhanden ist, dieses Thema zu hinterfragen und zu lösen.

Ablehnung siehe *Süßigkeiten*

Brezeln

Thema: Besserwisser, Störenfried

Verlangen Wer sie bevorzugt, ist quengelig, stichelt gerne und bringt manches in Aufwallung bei seinen Mitmenschen, in seiner Umgebung. Du stocherst gerne in etwas hinein, kannst es nicht belassen, wie es ist, und bist auch bereit, Unannehmlichkeiten in Kauf zu nehmen, die aufgrund deines Verhaltens entstehen, dabei fühlst du dich nicht immer wohl.

Es fällt dir oft schwer, dich zurücknehmen und dir selbst Einhalt zu gebieten, obwohl du grundsätzlich einen friedfertigen Charakter besitzt.

Ablehnung Je stärker deine Ablehnung gegen Brezeln ist, desto friedfertiger, verbindlicher und harmoniebedürftiger bist du. Umso mehr verliert sich auch in dir die Schärfe, das Ätzende.

Brokkoli

Thema: Aufnahmebereitschaft für verschiedene Ideen und Situationen

Verlangen Du zeigst großes Verständnis für deine Mitmenschen, kannst neue Ideen und Situationen gut annehmen. Es macht sehr viel Spaß, mit dir zu kooperieren und zu arbeiten, weil du stets aufgeschlossen und zugänglich bist.

Ablehnung Je mehr Ablehnung du verspürst, desto verschlossener wirst du und umso weniger bist du bereit, fremde Ideen anzunehmen. (Wenig kooperativ.) Hier ist sehr viel Überzeugungsarbeit nötig, um dich zu öffnen.

Brombeeren

Thema: Hader, Zweifel

Verlangen Du befindest dich in einer sehr verstrickten Lebenssituation. Es umgibt dich Hader, Zweifel und Verwirrung. In dieser Zeit bist du mit dir selbst ungeduldig. Die angesprochene Thematik trifft auch zu, wenn du bevorzugt zur Brombeermarmelade greifst.

Ablehnung Im Mittelpunkt deines Bestrebens steht die Suche nach einer Lösung. Du suchst nach einer friedvollen, bereinigten Phase in dir und möchtest Sicherheit, Wissen, Erkenntnis und Klärung erhalten.

Brot

Siehe *Getreide*, für Ablehnung siehe *Vollkornbrot*

Buttermilch

Thema: Verzeihung gewähren

Verlangen Je extremer dein Verlangen ist, desto mehr entwickelt sich der Wunsch, zu verzeihen bzw. Verzeihung zu gewähren. Du trägst schon lange etwas mit dir herum, was auf deinen Schultern lastet, und möchtest es gerne loswerden (z.B. dem Nachbarn etwas verzeihen). Ob es dir gelingt, bleibt allerdings offen.

Ablehnung Das Bedürfnis und der Wunsch, Verzeihung zu gewähren, verliert sich bei einer starken Ablehnung immer mehr. Für dich ist dies momentan kein Thema, deshalb denkst du gar nicht daran, solches zu tun.

Chicoree

Thema: fühlt sich ständig benachteiligt

Verlangen Du fühlst dich oft in allen möglichen Bereichen benachteiligt und fragst dich, weshalb bekommen die anderen immer alles, was sie wollen! „Andere haben Familie, Kinder, Freunde, gute Finanzen, Zuwendung, Zärtlichkeit.... Ich aber nicht!“ Mit klarem Verstand erkennst du: Ich habe wenig, die anderen haben viel! Über diesen subjektiv empfundenen Mangel ärgerst du dich entsprechend, dabei entstehen in dir Wut und Hassgefühle, und schließlich bemitleidest du dich selbst am meisten. Du glaubst, gegen diesen Zustand nichts unternehmen zu können, aber letztendlich benötigst du nur den Glauben an deine eigenen Fähigkeiten.

Ablehnung Dieses Gefühl (Mangel zu verspüren), ist noch im Ansatz in dir vorhanden. Es fällt dir aber leichter, ein Ungleichgewicht zu akzeptieren, und du denkst nicht die ganze Zeit darüber nach, wie gut es den anderen geht, denn schließlich weißt du auch das Positive in dir zu schätzen.

Chinakohl

Thema: Suche nach Ausgeglichenheit

Verlangen Du fühlst dich oft unausgeglichen und verspürst auch eine Unausgeglichenheit bei deinen Mitmenschen. Hörst du Meinungen, so kannst du dich nicht entscheiden, welche du annehmen möchtest, und fühlst dich oft wie zwischen zwei Stühlen sitzend. Du bist mit dir selbst uneins, unsicher in deiner Lebenseinstellung.

So versuchst du, Ausgeglichenheit in allen Lebenslagen herzustellen, sei es mit dem Verstand oder mit dem Gefühl. Auch z.B. bei Streitereien versuchst du einzulenken, betreibst dies aber nicht bis zum Exzess. Wenn du erkennst, dass keine Einigung möglich ist, so ziehst du dich zurück. Du würdest ansonsten wieder in ein Ungleichgewicht fallen und deine innere Waage, wäre nicht mehr im Einklang.

Ablehnung Es ist dir relativ egal, ob sich Personen zanken oder miteinander streiten. Dein Bedürfnis, einzulenken oder Ausgeglichenheit herzustellen, ist nicht besonders groß. Sogar eigene Höhen oder Tiefen vermeidest du auszugleichen. Dadurch – so meinst du – würdest du für deine Umgebung nicht mehr interessant erscheinen. Stattdessen liebst du es, in Selbstmitleid zu versinken. Ergibt sich jedoch die Ausgeglichenheit im Laufe der Zeit wieder von selbst, kannst du dies durchaus akzeptieren, möchtest diese aber nicht mit allen Mitteln herbeiführen.

Cornflakes

Thema: kleine materielle Genusssucht

Verlangen Du kannst Gefallen und Genuss an den kleinsten Winzigkeiten finden. Z.B. pickst du gerne Körner auf, die am Teller liegen bleiben, suchst beim Beerenpflücken voller Akribie auch die kleinste Beere im hintersten Winkel hervor oder leckst dir voller Genuss die Schokolade lieber vom Finger, als ihn einfach nur abzuwaschen. Das gleiche Verhalten findet sich auch bei deinen Beziehungen. Auch hier wäre es eine Augenweide, dir zuzusehen, wie du mit viel Intensität vorgehst, keinen Bereich auslässt, alles interessant findest und wirklich ins Detail gehst und dies alles auf eine liebevolle, genüssliche Art und Weise. Veranstaltest du eine Einladung, dann kennst du jeden Gast persönlich und auch dessen Bedürfnisse.

Ablehnung Hier spielt die Ablehnung keine so große Rolle und liegt mehr im neutralen Bereich. Du kannst auch genießen, aber nicht so intensiv und ausdauernd. So könntest du z.B. eine Party veranstalten, ohne dass du jeden kennst, der dabei ist. Dies würde dem Cornflakes-Esser im Vergleich dazu nicht passieren.

Datteln

Thema: sachliche Neutralität

Verlangen Du bist sehr ausgeglichen, aufgrund dessen ist es dir möglich, Dinge neutral und objektiv zu beobachten und zu beurteilen. Deine Emotionen stehen dir dabei nicht im Wege. Sollte dir jemand Probleme bereiten, so kannst du klar und deutlich deine Argumente zum Ausdruck bringen, und dies manchmal sogar hart und gefühllos. Wenn du dich ungerecht behandelt fühlst, sollte man dich nicht unterschätzen. Allerdings würdest du auch nie etwas fordern, was nicht dein Recht wäre.

Ablehnung Es fällt dir etwas schwerer, einen neutralen Standpunkt einzunehmen, da der emotionale Anteil in dir mehr zum Vorschein kommt. Hier verebbt diese Schärfe mehr und mehr.

Eier

Thema: Wunsch nach Neubeginn

Verlangen Ein sehr starkes Symbol , obwohl hier der geschützte Aspekt sehr wichtig ist. Der Wunsch nach einem Neubeginn ist vorhanden, aber die Angst, aus der schützenden Hülle hervorzutreten, spielt dabei eine große Rolle. Wer also Eier liebt und gerne isst, ist auf dem Weg, auf der Suche, ist im „Ent-Wickeln“ begriffen, aber meistens noch sehr unsicher. Dieses „Sich-trauen“ ist noch nicht ganz ausgereift.

Ablehnung Hier ist der Mut und die Bereitschaft für einen Neubeginn sehr geschwächt.

Eis

Thema: Willenskraft

Verlangen Du besitzt einen sehr starken Willen, um Problematiken eigenständig anzugehen, die du bereits erkannt hast. Solltest du aber immer wieder Unmengen von Eis verzehren, so ist das ein Hinweis für dich, dass du sehr wohl die Kraft hättest, deine Probleme zu lösen, es aber nicht tust.

Ablehnung siehe *Süßigkeiten*

Eisbergsalat

Thema: Feinsinnigkeit

Verlangen Dein Auftreten ist meist leise und fein, denn das Robuste und Paukenhafte liegt dir nicht, umso mehr gefällt es dir, deine Ansichten mit erlesenen, feinen Worten kundzutun. Diese Tendenz kommt auch in deiner Stimme zum Ausdruck, die nicht polternd und laut ist, sondern sich in der Regel durch höhere, feinere Tonlagen auszeichnet. Manches Mal möchtest du gerne den Anschein erwecken, ein kleiner „Feingeist" zu sein. Ob du dies allerdings bist, musst du selbst entscheiden. Überdenke doch einmal das Sprichwort: „Mehr Schein als Sein."

Ablehnung Du sprichst offen und mit „normalen" Worten aus, was du dir denkst und wie du dich fühlst, denn das Bedürfnis, anders zu sein, als du bist, besteht hier nicht so sehr.

Endiviensalat

Thema: Ausweichmöglichkeit

Verlangen Bei deinen Aussagen, Gedankenmustern oder Taten möchtest du dir immer ein Türchen offen halten. Deshalb suchst du ständig Auswege oder Nebenwege, die dir eine Fluchtmöglichkeit bieten könnten, denn du hast immer Angst, dich 100% ig festzulegen, bzw. dass etwas nicht passend oder richtig wäre. Ebenso könnte auch an deinen Aussagen oder Taten Kritik geübt werden. Deshalb ist es für dich wichtig, sofort eine Ausweichmöglichkeit parat zu haben, nach dem Motto: „Ich habe es ja gar nicht so gemeint, es ist ja anders auch möglich, das kann man auch so sehen …. „

Relativ große Unsicherheiten und Ängstlichkeiten sind hierfür der Grund.

Oft glaubst du nicht an dich, obwohl deine Taten oder Aussagen meist völlig in Ordnung sind.

Ablehnung Du stehst sehr selbstbewusst zu deinen Taten, und auch wenn du manchmal aneckst, stört dich dies nicht sonderlich, vielmehr siehst du gelassen darüber hinweg.

Ente / Gans

Thema: schwimmend

Verlangen Du fällst öfters auf die Nase, weil du verschiedene Dinge nicht richtig bedacht hast. Wenn du z.B. eine Rede hältst, ist dein Manuskript möglicherweise nicht richtig ausgearbeitet und nur halbherzig vorbereitet. Auch Projekte oder Geschäftsabschlüsse gelingen manchmal schwer, weil Abmachungen unvollständig geschlossen werden und Vorbereitungen oftmals keinen soliden Untergrund aufweisen. Aus diesem Grund ist das Parkett, auf dem du dich bewegst, oft wackelig und instabil.

Ablehnung Eine gute Vorbereitung ist für dich wichtig. Deshalb bemühst du dich, im Vorfeld alle Eventualitäten abzuklären, und bist stets um eine solide, tragfähige Basis bemüht, so dass du vor Überraschungen weitgehend sicher sein kannst. Falls doch etwas Unvorhergesehenes geschieht, fällt dies in den Bereich der unkalkulierbaren Risiken.

Erbsen

Thema: fordert Genugtuung

Verlangen In dir ist das Bedürfnis vorhanden, möglichst immer eine Gegenleistung zu erhalten. So möchtest du für deine Taten belohnt werden, bzw. versuchst auch Genugtuung zu erlangen für etwas, was du als ungerecht empfunden hast. Im extremen Fall könnte sich diese Tendenz auch zur Rachsucht steigern. (Hier findet der Ausdruck „Erbsenzählerei" seine buchstäbliche Bedeutung.)

Ablehnung Obwohl sich dieses Verhalten auch hier noch zeigt, forderst du Genugtuung bei weitem nicht so stark ein. Du wirkst friedvoller!

Erdbeeren

Thema: Neugierde, Wissensdurst

Verlangen In dir schlummert eine wissensdurstige und wissenshungrige Seele. Deine starke Neugierde und dein großes Kraftpotenzial liefern dir die nötige Energie dazu, dich immer wieder zu neuen Erkenntnissen und Wissen zu führen.

Ablehnung Dein Wissensdurst ist nicht so stark ausgeprägt, vielmehr freust du dich daran, Dinge anzuschauen und eingehend zu betrachten, die bereits bestehen oder von dir geschaffen wurden. In dieser Zeit möchtest du dich lieber auf deinen Lorbeeren ausruhen.

Essiggurken

Thema: wünscht sich Zuhörer für seine ‘Weisheiten’

Verlangen Du wünschst dir eine aufmerksame Zuhörerschaft, die deinen Worten Glauben schenkt und begeistert ist, wenn du etwas zum Besten gibst. Deshalb möchtest du gehört werden, und es liegt dir sehr daran, dass deine „Weisheiten“ geachtet, respektiert, anerkannt, belobigt und geehrt werden, dies lässt dein Herz höher schlagen. Zu diesem Personenkreis zählen oft Lehrer, Vortragende, Referenten oder auch Personen, die im Alltagsleben Erklärungen von sich geben. Außerdem liebst du bei deinen Ausführungen die begeisterte Reaktion der anderen. Der Beifall tut dir gut, und so sehnst du dich sehr nach Aufmerksamkeit, Zuspruch und Zuwendung.

Ablehnung Die Reaktionen der anderen bezüglich deiner Ausführungen sind dir nicht so wichtig, sondern vielmehr die Tatsache, dass du einfach deine Erkenntnisse zum Besten gibst, weil du davon überzeugt bist, dass deine Weisheit richtig ist. Dir ist es relativ egal, was die anderen darüber denken.

Feigen

siehe *Datteln*

Anmerkung Hier verhält es sich ähnlich wie bei den Datteln, nur spielt der emotionale Aspekt eine größere Rolle, was dich lebendiger erscheinen lässt. Wenn du in Rage gerätst, zappelst und schimpfst du anfangs, bis sich dann eine neutrale Haltung in dir durchsetzt. Du bist nicht wirklich gefährlich – „schärfer" ist der Dattelesser.

Feldsalat

Thema: liebevolle Völlerei

Verlangen Du liebst das Üppige in allen Formen und Facetten. Dies zeigt sich z.B. beim Essen, bei Genussmitteln wie Nikotin oder Alkohol, beim Erfüllen von Wünschen und Bedürfnissen usw. Du nimmst alles mit Freude zu dir, was du gerne haben möchtest, obwohl du manchmal gar nicht bemerkst, dass es für dich zu viel wird. Du willst einfach haben, haben, haben .... Wenn du allerdings etwas abgeben sollst, fällt dir das relativ schwer, außer du hast genügend Vorräte davon gehortet.

Ablehnung Dein Wunsch, dir Gutes zuzuführen, ist auch hier vorhanden, bewegt sich aber in einem normaleren Rahmen. Du nimmst ebenfalls alles mit Freude zu dir, weißt aber, wann die Grenze erreicht ist, wann es ein Zuviel ist.

Fenchel

Thema: der „Clown“ unter den Gemüsen

Verlangen Oft sehnst du dich nach Frohsinn und Heiterkeit und möchtest deinen augenblicklichen Gefühlen Ausdruck verleihen. So wünschst du dir ein spielerisches, luftiges Wesen, das dich offen und weit erscheinen lässt. Dieser Ausdruck wäre sehr wohltuend sowohl für andere als auch für dich selbst. Obwohl du oft einen leichten Hang zur Traurigkeit verspürst, empfindest du manches Mal eine tiefe innere Fröhlichkeit.

Ablehnung Du kannst dir oft selbst nichts gönnen und bist nicht sehr wohlwollend zu dir selber..

Fisch

Thema: Wunsch nach Wissen und Weisheit

Verlangen Wenn du gerne Fisch isst, nimmst du Wissen und Weisheit in dich auf. Du bist bereit, aus dem großen Ganzen (aus dem Ozean des Universums), gleich einem großen Netz, dein universelles, kosmisches Wissen herauszuschöpfen.

Wenn du kleinere Fischarten bevorzugst, ist dein Interesse an mystischen, medialen Wissensdingen stärker ausgeprägt. Dein Hauptaugenmerk liegt aber mehr im Erforschen von Details und nicht so sehr im Erkennen des Gesamten.

Zählen allerdings größere Fischsorten zu deinen Favoriten, interessieren dich mehr globale Zusammenhänge. Bei dieser Sichtweise entgehen dir dabei jedoch Details, die diese großen Zusammenhänge miteinander verbinden.

Aufgrund deines Strebens nach kosmischem Wissen suchst du nach alternativen Möglichkeiten, die dich zu spirituellen Erfahrungen führen (wie z.B. Yoga, Meditation, mediale Kreise und Lehrer ...).

Ablehnung Zählt Fisch nicht zu deinen bevorzugten Nahrungsmitteln, beschreitest du deinen Entwicklungsweg auf eine andere Art und Weise. So findest du oftmals im Materiellen Hinweise und Ansatzpunkte, die dich letztendlich auch zu spiritueller Weisheit führen.

Fleisch

Thema: schwere, materielle Dichte

Verlangen Wenn du Fleisch bevorzugst, trägst du einen schweren, zähen Charakteranteil in dir. Z. B Trübsinnigkeit, schwere Gedanken, auch schwere Arbeit, von der du glaubst, sie überlastet dich. Du hast das Gefühl, etwas behindert dich. Du glaubst, nicht vorwärts zu kommen, und oft fällt dir vieles schwer. Bewegung macht oft Arbeit und Mühe.

Hier handelt es sich also um Energien, die in der materiellen Struktur des Fleisches enthalten sind und beim Essen immer noch als energetische Bewegung mitschwingen. Bei anderen Nahrungsmitteln, wie z.B. bei Salaten oder Gemüse ist diese Schwingung nicht mehr so stark vorhanden.

Auch Fisch schwingt wesentlich leichter als Fleischnahrung – diese, wie gesagt, schwingt langsamer, grobstofflicher, schwerer, was sich letztendlich dann in eine gewisse Schwere und Zähigkeit umsetzt.

Ablehnung siehe *Vegetarier* im Teil B, S. 30-34

Forelle

Thema: sprudelndes, frohes Gemüt
(mit Hang zum Pessimismus)

Verlangen Des Öfteren denkst du: „Es ist zwar alles schön, aber wer weiß, was vielleicht sein könnte?" Je stärker dein Verlangen nach Forelle ist, desto ausgeprägter zeigt sich sowohl dein sprudelndes, fröhliches Gemüt wie auch der Pessimismus in dir.

Ablehnung Du bist gemäßigter und ausgeglichener, deshalb kommt hier dein Pessimismus nicht so sehr zum Vorschein.

Gans

siehe *Ente*

Garnelen

Thema: Konfrontation

Verlangen Du hast Freude und Spaß an Diskussionen und betrachtest dies als kleines Schlachtfeld, wobei du niemanden niederringen oder unbedingt gewinnen möchtest. Mit Freude genießt du es aber, bei diesen verbalen „Kämpfen" einen kleinen Sieg zu erringen.

Ablehnung Je größer die Abneigung gegen Garnelen ist, desto mehr lehnst du Konfrontationen ab. Im gleichen Maß nimmt auch dein Harmoniebedürfnis zu, um möglichst keine Missstimmung entstehen zu lassen.

Getreide

Thema: Bewusstwerdung karmischer Zustände und Ursachen. Hilfe bei Karma-Auflösungen.

Anmerkung Getreide ist eine sehr alte Form der Nahrung und sozusagen das Nahrungsfundament, auf dem die Menschheit groß geworden ist, deshalb nimmt es sich auch der karmischen Verhältnisse an. Verspürst du in dieser Zeit ein großes Verlangen nach Getreide, so besteht die nötige Kraft, auf die Ursachen deines Karmas einzugehen und sie auch zu lösen.

Eine Auseinandersetzung mit deinen karmischen Umständen hängt allerdings nicht allein vom Genuss des Getreides ab, dies kann nur als ein Hinweis verstanden werden.

Körner Je geschlossener, je vollwertiger die Körner im Brot vorhanden sind (ganze Körner), umso mehr innere Struktur und strenge Ordnung ist in dir erkennbar, und oftmals setzt du dir selbst auch starre Grenzen (Selbstdisziplin).

In dieser Zeit steht eine Karmabearbeitung noch am Anfang.

Je geringer aber der Anteil an Schalen und Körnern ist, umso offener steckst du auch deinen persönlichen Rahmen, nimmst Grenzen nicht so eng. An manchen Tagen greifst du bevorzugt zu ganz „weichem“ Brot. In diesen Zeiten ist in deinem Inneren ein Karma in der Ablösung begriffen.

Da es viele karmische Bezüge gibt und du auch viele Getreidesorten mit oder ohne Schale genießt, kann man davon ausgehen, dass du immer die entsprechende Brotart bevorzugst, die dir momentan zu einer Erkenntnis verhelfen kann. Und so entsprechend ist auch dein Bedürfnis nach einem Brot, mit oder ohne Körner.

Ablehnung (Unverträglichkeit) Hier ist das Bedürfnis nicht so stark vorhanden, dich mit karmischen Angelegenheiten auseinanderzusetzen, weil eine Karma-Auflösung immer auch mit einer gewissen inneren Anstrengung verbunden ist.

Grapefruit

Thema: Durchsetzungskraft

Verlangen Du liebst es, Macht zu haben, und genießt es, deinen Willen durchzusetzen. Dies erfüllt dich mit innerer Begeisterung.

Ablehnung (Kleiner Giftzwerg, der möchte, aber nicht kann.) Dein Durchsetzungstrieb ist abgeschwächt. Du möchtest ihn gerne ausleben, traust dich aber nicht, deshalb versuchst du, im Geheimen, im Hintergrund deine Interessen durchzusetzen. Dabei wirkst du des Öfteren etwas ätzend und stichelig. Je weniger du dich durchsetzen kannst, umso größer wird dein Unmut dir und anderen gegenüber.

Gries

Thema: aufweichend (starre Normen lockern sich)

Verlangen In dieser Zeit beginnen sich harte Strukturen, Formen oder Gedankenmuster in dir zu lösen und geraten in Bewegung. Diese Phase der Auflockerung kann sich in körperlichen, geistigen und seelischen Bereichen bemerkbar machen. So verändert sich z.B. Unnachgiebigkeit in Nachgiebigkeit, ebenso wird Flexibilität und Toleranz stärker wahrgenommen. Auch kann sich ein etwas borniertes Verhalten in ein lockeres Gemüt umwandeln, und aus Hartnäckigkeit resultierende Nackenprobleme verlieren im Laufe der Zeit oft an Intensität.

Ablehnung Du bist bisher mit deinen alten Normen und Strukturen sehr gut zurecht gekommen und möchtest diese auch beibehalten. Aus diesem Grund siehst du keine Notwendigkeit, deine bisherigen Verhaltensmuster zu ändern.

Gummibärchen

Thema: Zwielichtigkeit

Verlangen Hier gibst du vor, etwas zu sein, was aber nicht so ganz dem wahren Hintergrund entspricht. Das ist keine Falschheit, nur eine kleine Vertuschung, um nicht erkannt zu werden. Es ist so, als würde man durch ein farbiges Fenster sehen, was daran hindert, nicht alles genau erkennen zu können. Also Zwielichtigkeit. Du möchtest dich nicht sofort offenbaren und man soll dir auch nicht in die Karten sehen können, denn ein kleiner Trumpf im Ärmel ist sehr wichtig für dich. Dadurch hast du das Gefühl, Macht, Überlegenheit und Einfluss zu besitzen. Dies ist der eigentliche Motor für dein Verhalten, während Unsicherheiten und Ängstlichkeiten hingegen nur zu etwa 10-20% eine Rolle bei diesem Verhalten spielen.

Ablehnung Je mehr Ablehnung, desto mehr Offenheit… Du hast kein Problem damit, deine Karten auf den Tisch zu legen…

Gurke

Thema: Aufwärtsstreben, Erneuerung

Verlangen Momentan ist dein Entwicklungsdrang groß. Du suchst nach Erbauung, Wissen und Weisheit, möchtest dich fortbilden und strebst nach Erneuerung. In dieser Zeit findest du auch die Kraft, Altes besser loslassen zu können.

Ablehnung Du suchst eine Zeit der Ruhe und Gelassenheit. In dieser Phase begnügst du dich mit dem, was erreicht wurde, und hast kein Bedürfnis, vorwärts zu streben. Du möchtest abwarten und das Bisherige reifen lassen, hast keinen Tatendrang. Dabei entsteht auch Bequemlichkeit und Unlust. Stagnation schleicht sich ein. Kann bis zur Apathie gehen, im extremen Fall bis zur Bewegungsunfähigkeit. Missfallen am eigenen Eifer.

Haferflocken

Thema: Gleichwertigkeit

Verlangen Du versuchst immer, Gleichwertigkeit herzustellen, und findest in jeder Sache gleichwohl etwas Gutes wie auch Schlechtes. Weil für dich Objektivität eine sehr große Rolle spielt, möchtest du vermeiden, Partei zu ergreifen. (Z.B. möchtest du jedem deiner Kinder eine gleichwertig gute Ausbildung oder entsprechende Lehre ermöglichen. Auch wirst du versuchen, von all deinen Lieblingsmalern jeweils ein Bild im Raum aufzuhängen.) Dieser Wunsch, Ausgleich zu schaffen, kann in alle Lebensbereiche hineinführen, so versuchst du auch, Opfer und Täterrollen gleichwertig zu erklären, und setzt beides in Bezug zueinander (z.B. „warum musste sie sich auch so aufreizend anziehen …?“). Du suchst also eine Begründung, und findest dann für jede Partei etwas, womit du Opfer– und Täterverhalten erklären kannst. Eine ausgewogene Erklärung zu finden, gelingt dir nicht immer, und darunter leidest du manchmal.

Je ausgeprägter dein Verlangen nach Haferflocken ist, umso auffälliger wird auch dein Verhalten, für jede Partei immer eine Erklärung zu finden.

Ablehnung Dein Blick für die Welt ist wesentlich realistischer und deutlicher vorhanden. Deshalb kannst du auch ein Ungleichgewicht besser akzeptieren und in Kauf nehmen, ohne das Ganze immer in Ordnung bringen zu wollen. Es gelingt dir sehr gut, mit dem Weltgeschehen und dem Alltag umzugehen.

Hähnchen

Thema: Leichtfertigkeit

Verlangen Du gibst oft vorschnell Theorien und Ideen von dir und wirfst sie in den Raum, ohne sie vorher kritisch hinterfragt zu haben. Dieses schnelle Agieren wirkt häufig etwas anmaßend, weil du vor allem von der Richtigkeit deiner Statements überzeugt bist. Es besteht in dir auch wenig Interesse, das Gesagte einer Prüfung zu unterziehen. So hast du immer schnell ein Urteil, eine Behauptung oder eine Verallgemeinerung zur Hand. Was dich allerdings interessant macht, ist die Tatsache, daß du aufgrund deiner kurzen Nachdenkphasen ein Gespräch schnell und gefällig weiterführen kannst. Es fällt dir auch nicht schwer, die Argumente und Einwände der Gesprächspartner mit einem Schulterzucken zu ignorieren.

Ablehnung Oft machst du dir folgende Gedanken : „Kann man das so sagen?“, „Wie drücke ich mich aus, damit ich verstanden werden?“ Du überlegst lieber öfter, wägst ab, bevor du etwas von dir gibst, obwohl das Gesagte aber nicht unbedingt der Richtigkeit entsprechen muss.

Haifischflossen

Thema: beißender, nagender Charakter

Verlangen Du bist bewusst kalkulierend, sehr kritisch, scharfzüngig und manches Mal sogar penetrant. Du weißt, was du willst, und überlässt nichts dem Zufall. So suchst du dir z.B. für einen Kurs einen ganz speziellen Referenten aus und lässt andere Möglichkeiten nicht einfließen.

Ablehnung Dein Verhalten ist sehr neutral.

Hase

Thema: Offenheit

Verlangen Dein Interesse an allen möglichen Informationen und Wissensbereichen ist sehr groß, deshalb nimmst du mit großer Offenheit alles bewusst auf, was dir an Wissen und Neuigkeiten angeboten wird. Man kann dir von allen Rubriken des Lebens oder Thematiken etwas erzählen, dich interessiert jede Richtung und genau so gerne gibst du diese mit Freude und Begeisterung auch wieder weiter. Dahinter steckt manchmal auch die liebevolle Absicht, Aufmerksamkeit zu erringen.

Wenn dir allerdings jemand etwas im Vertrauen erzählt, so kannst du dies durchaus für dich behalten.

Diese große Offenheit ist zwar nicht als Nachteil zu sehen, aber es verhält sich dennoch so, daß du dich deinen inneren persönlichen Themen nicht so sehr widmen kannst, weil deine ganze Energie für dieses Aufnehmen und Weitergeben benötigt wird. Aufgrund dessen findest du nicht so sehr die Muße und die Ruhe, dich mit deinem Inneren zu beschäftigen.

Ablehnung Was für dich wichtig ist, nimmst du bewusst auf, alles andere ignorierst du. Hier richtest du dein Interesse gezielt auf bestimmte einzelne Themenbereiche und sprichst diese klar und deutlich an.

Die Notwendigkeit, alles Mögliche aufnehmen zu wollen, ist für dich nicht vorhanden, so bleibt entsprechend mehr Zeit für dich selbst.

Hecht

Thema: Schnelligkeit

Verlangen Du bist in allem sehr schnell, kannst gut kombinieren, Inhalte erfassen und behältst den Überblick. Bei Entscheidungen zögerst du nicht lange, und die verschiedensten Arbeiten werden schnell und zügig ausgeführt. In deinen Äußerungen steckt Witz, Esprit und Schlagfertigkeit. Mit all diesen Eigenschaften bewegst du dich leicht durchs Leben.

Ablehnung Du lässt dir in allem etwas mehr Zeit (z.B. bei Entscheidungen, Gedankengängen, Überlegungen ...) und kommst aber dennoch ans Ziel, weil du mit Bedacht die Dinge des Lebens angehst. Allerdings benötigst du dabei mehr Kraft und Energie als der Hechtliebhaber.

Heidelbeeren

Thema: Geschäftigkeit, Nützlichkeit

Verlangen Du gleichst einer Ameise, einem Hausmütterchen, das sehr darauf achtet, dass sein kleiner Haushalt in Ordnung ist. Ein feiner, liebevoller Charakter ist dir zu eigen, fleißig, emsig und sehr zufrieden, der aber trotzdem in die weite Welt hinausschauen möchte. Du würdest dich freuen, wenn du dein Aufgabenfeld erweitern könntest, um dich dort ebenso nützlich zu machen.

Ablehnung Hier vernachlässigst du deinen „kleinen Haushalt" etwas. Dies ist auch als Symbol für deine eigene Lebensstruktur zu sehen, die du aber trotzdem gut im Griff hast. (Es genügt dir z.B., nur jeden dritten Tag aufzuräumen.)

Hering

Thema: aufbauend, motivierend

Verlangen Es bereitet dir Freude, deinen Mitmenschen Lob und Mut zuzusprechen, um ihre Kräfte zu mobilisieren, damit sich ihre Fähigkeiten und Möglichkeiten noch steigern können. Aufgrund deines inneren Bedürfnisses möchtest du deinen Mitmenschen helfen, aber nicht, um dir selbst Vorteile zu verschaffen. So findest du immer das richtige Wort, um andere zu motivieren und zu stärken.

Durch diese Hilfe fühlst du dich selbst stark und kraftvoll und hättest gerne, dass die anderen auch diese Kraft, in sich verspüren.

Diesen aufbauenden Charakter verkörpert z.B. eine Mutter, die ihr Kind bei den Hausaufgaben stärkt, oder ein Chef, der seine Mitarbeiter motiviert und hochhebt, aber auch Menschen, die z.B. in der Entwicklungshilfe tätig sind und den Opfern Mut zusprechen und ihre Stärken mobilisieren.

Einen Menschen mit diesen Charaktereigenschaften in seiner Umgebung zu wissen, kann oft eine sehr wertvolle Hilfe darstellen.

Ablehnung Die Möglichkeit, deine Mitmenschen zu stärken und zu motivieren, ist ebenfalls vorhanden, aber du setzt diese Gabe nicht für alle in gleichem Maße ein. Je nach Lust und Laune entscheidest du frei und sporadisch, wem du helfen möchtest und wem nicht.

Diese innere Freude empfindest du dabei nicht im gleichen Ausmaß wie der Heringsliebhaber, denn von deinem Tun bist du nicht genügend überzeugt.

Himbeeren

Thema: Kleinlichkeit

Verlangen Du möchtest alles haben und besitzen (Sammlerleidenschaft), bist teilweise auch penibel und neidvoll. Weil es dir schwer fällt, großzügig zu denken, legst du gerne deinen „kleinen Finger“ in die Wunden deiner Mitmenschen und erinnerst sie an ihre Fehler und Schwächen. Diese kleinen Bemerkungen, die einfach nicht nötig wären, kannst du dir nur schwer verkneifen. Man könnte sie überhören, aber trotzdem bleibt etwas davon im Raum stehen und trägt manchmal zu einer Missstimmung bei. Dieses Verhalten „nervt“ öfters deine Mitmenschen.

Ablehnung Überwiegend bist du offen, großzügig und freigebig. Deine Meinung sprichst du klar und deutlich aus und bist in der Regel nicht nachtragend.

Hirse

Thema: Kleingläubigkeit, Kleinkrämerei

Verlangen Du siehst momentan keine Möglichkeit, dich zu entfalten, und lebst deshalb sehr auf dein Wissen bezogen. Dennoch schlummert in dir der Wunsch, deine Sichtweise zu erweitern und in deiner Entwicklung zu wachsen, aber in dir sind noch Hemmnisse und Blockaden vorhanden, die dich daran hindern.

Ablehnung Hier ist die Möglichkeit zur Entfaltung und Erweiterung mehr gegeben.

Honig

Thema: Phase, kurz vor der Begeisterung

Verlangen Diese Phase befindet sich zwischen dem Aufnehmen eines Reizes, der sodann von der Seele erkannt und umgewandelt wird, dann als Freude emporsteigt, um schließlich als Begeisterung empfunden zu werden.

Auch du kannst diesen Entwicklungsweg zwischen Aufnahme eines Reizes und Begeisterung auskosten. Dies bedeutet, du findest sehr viel Gefallen daran, diese Phase zu nutzen und in die Länge zu ziehen, um dich an dieser Energie zu erfreuen.

Mit Freude und Begeisterung kannst du zusehen, wie sich Dinge entwickeln. Dadurch kannst du auch andere begeistern und motivieren, weiterzumachen, bis sie ein gewünschtes Ziel erreichen.

Ablehnung Dir ist es relativ egal, welchen Entwicklungsweg jemand beschreitet. Es gibt meistens einen Grund, weshalb du dich dieser Phase zwischen Erkennen und Begeisterung entziehst und keine Freude daran empfindest, wenn sich etwas entwickelt. Dies kann sich auf Umstände, Gegenstände usw. beziehen.

Anmerkung Isst du den Honig ausschließlich wegen der Gesundheit (ohne wirkliches Verlangen), so ist dies nur zweckdienlich und kann als energetische Erkenntnis nicht genutzt werden.

Hummer

Thema: Genugtuung ohne Bescheidenheit

Verlangen Die Struktur ist ähnlich wie beim Krebs, allerdings gesellt sich zur Freude der Genugtuung etwas Angabe mit hinzu. Du trumpfst gerne etwas auf, damit du für deine Taten und Worte mehr Resonanz erhältst. Die Bescheidenheit tritt dabei ein wenig in den Hintergrund.

Ablehnung Hier ist dieses Verhalten nicht so sehr ausgeprägt.

Joghurt

Thema: Aufmerksamkeit schenken

Verlangen Mit offenem Herzen wendest du dich deinen Mitmenschen zu, leihst ihnen gerne dein Ohr und bist bereit, ihnen deine Aufmerksamkeit zu schenken.

Ablehnung Dein Interesse ist mehr auf deine eigene Person bezogen, und du bist dir gegenüber sehr aufmerksam. Du bist dir selbst am wichtigsten.

Anmerkung Bei Fruchtjoghurt ist als Ergänzung unter den einzelnen Obstsorten nachzuschlagen. Joghurts mit Vanille oder Schokogeschmack enthalten ein wenig den süßen Aspekt, dies spielt aber nur eine untergeordnete Rolle.

Johannisbeeren (rot)

Thema: Bescheidenheit

Verlangen Du hast kein Verlangen, dich in den Vordergrund zu stellen. Obwohl du geliebt werden möchtest, würdest du dieses nie offen eingestehen. Du freust dich aber trotzdem still und leise, wenn du erkannt und anerkannt wirst.

Ablehnung Es ist dein dringlichster Wunsch, anerkannt zu werden.

Johannisbeeren (schwarz)

Thema: Leichtgläubigkeit

Verlangen Man kann dich sehr leicht beeindrucken, da du sehr offen für aufregende Geschichten, neue Botschaften, Intrigen oder Sonstiges bist. Diese Mitteilungen beeindrucken dich oft so sehr, dass du sie nicht für dich behalten kannst und dass sie deshalb von dir weitergetragen werden. (Du bist jedoch keine Klatschtante.) Dieser Wesenszug wird aber von anderen manchmal bewusst ausgenutzt.

Ablehnung Du lässt dir nicht so leicht einen Bären aufbinden, da du kritisch gegenüber jeglicher Art von Informationen bist, die dir zugetragen werden. Im Extremfall glaubst du zuerst einmal nichts!

Kaffee

Thema: Verbindung

Verlangen Kein Einzelgänger, sehr verbindend. Du möchtest immer einen möglichst großen Freundeskreis besitzen und liebst es, alle um dich zu scharen. Dein Haus soll voll sein! Darüber hinaus besitzt du auch das nötige Geschick, Verbindungen und Kontakte herzustellen. Du möchtest nicht alleine sein. Ein Zuviel an Gästen oder Hektik könnte allerdings manchmal für dich zu viel werden. Bedenke deshalb, wann du eine Ruhepause einlegen solltest.

Ablehnung Es ist nicht dein innerstes Bedürfnis, einen großen Freundes- und Bekanntenkreis aufzubauen. Es genügen dir ein paar wenige, aber intensive Freunde.

Kalbfleisch

siehe *Rindfleisch*

Anmerkung In einer etwas leichteren Form entspricht die energetische Bedeutung im Wesentlichen dem Rindfleisch.

Karotten

Thema: zweifelnder Charakter

Verlangen Du bist dir deiner Zweifel und Unsicherheiten in vielen Belangen durchaus bewusst und möchtest dich davon befreien. So wirst du vieles in Bewegung setzen und ausprobieren, um die Beendigung dieser Phase herbeizuführen. Dein Bestreben ist es, deine Zweifel unter Kontrolle zu bringen und deine Unsicherheiten einzudämmen, um so innere Sicherheit wiederzuerlangen.

Ablehnung Deine Worte, Taten, Ideen oder Gedankengebilde zweifelst du in der Regel nicht an. Im Alltag triffst du deine Entscheidungen sicher und hinterfragst nicht ständig, ob sie richtig oder falsch sind.

Karpfen

Thema: Großzügigkeit und Wohlwollen

Verlangen Du bist großzügig und wohlwollend gegenüber allem und jedem: der Natur, den Menschen, den Tieren, der gesamten Schöpfung.

Ablehnung In deinem Verhalten schwingt ein bisschen Geiz mit, deshalb wirkst du nicht mehr so großzügig. Dabei bist du aber immer noch liebevoll und möchtest niemandem wirklich schaden oder wehtun.

Kartoffel

Thema: Umwandlungsprozess

Verlangen In deinem Inneren bahnt sich ein Umwandlungsprozess an. Oft geschieht dies in Verbindung mit Umständen oder anderen Menschen, z.B. bei einem wechselnden Lebensabschnitt, wenn ein Kind geboren wurde, die Arbeitsstelle gewechselt oder verloren wird, auch nach einem Streit in der Partnerschaft usw. Dieser Reifungsprozess kann aber auch in dir selbst geschehen, ohne dass äußere Umstände eine Rolle spielen. Du legst etwas Altes ab und erreichst dadurch etwas Neues – eine Wiedergeburt im kleinen Stil. Durch jede Umwandlung, Erneuerung und Austausch von Gegebenheiten geschieht eine Weiterentwicklung. Immer wenn dich dein Weg zu solch einem Wandlungspunkt führt, begleitet dich die Kartoffel. Sie ist eine „Wegfrucht".

Ablehnung Dieser Zeitabschnitt verläuft für dich gleichmäßiger. Du befindest dich in einer Ruhephase zwischen dem Auf und Ab des Lebens.

Anmerkung Je härter die Kartoffel zu beißen ist (z.B. roh), um so schwieriger vollzieht sich der Umwandlungs- Reifungsprozess. Je weicher die Kartoffel zubereitet wird, um so sanfter, fließender, weniger aufwallend geschieht dies.

Käse

Thema: gewinnstrebend, Konjunktur

Verlangen Hier ist alles im Werden, Wachsen und Entstehen. Du bist ein sehr produktiver Mensch und setzt mit viel Freude deinen Geschäftssinn gewinnbringend ein. Diese natürliche Handhabung wurde dir in die Wiege gelegt. Du weißt damit umzugehen und kannst aus wenig Viel machen, sowohl in geschäftlichen Dingen wie auch in anderen Bereichen, z.B. einen kleinen Verein optimal fördern, Mitarbeiter sinnvoll führen und deren Fähigkeiten einsetzen, um den bestmöglichen Umsatz zu erzielen. Auch in der Partnerschaft zeigen sich diese Talente und Fähigkeiten.

Ablehnung Der Wunsch zu leiten, zu produzieren, zu gestalten ist vorhanden, aber deine Möglichkeiten sind hier nicht so gegeben. Du wirst durchaus Teilgewinne erzielen, aber alle Fäden gleichzeitig in der Hand zu halten, fällt dir etwas schwer. Deine Absicht ist gut, nur fehlt es ein wenig an Überblick. So kann es dir z.B. passieren, dass du deinem Partner oder Partnerin als Überraschung einen lange gehegten Wunsch erfüllen möchtest (z.B. eine Theaterkarte), dabei aber übersehen hast, dass an diesem Tag z.B. euer Hochzeitstag ist und dein Partner sich für diesen Tag etwas ganz anderes gewünscht hätte.

Anmerkung Wenn der Käse mit anderen Nahrungsmitteln (z.B. Lachs, Ananas, Bärlauch, Nüssen, usw.) kombiniert ist, kann unter den entsprechenden Zutaten nachgelesen werden, um so daraus die Quintessenz zu erkennen.

Kaugummi

Thema: Ehrenkodex

Verlangen Frage dich: „Wie ist mein Verhältnis zum Thema: Ehre"? „Was ist für mich eine Ehrensache?" „Welche Angelegenheit möchte ich z.B. verteidigen?" „Wie lange beiße ich auf einer Problematik herum?" (Wiederkäue ich sie sehr lange?)

Ablehnung siehe *Süßigkeiten*

Kaviar

Thema: Gewinn / Zugewinn

Verlangen Du überlegst oft, wie du sowohl dein Hab und Gut vermehren als auch deinen Beliebtheitsgrad steigern kannst. Dabei gehst du nicht nur nüchtern und rationell vor, es bereitet dir auch noch viel Spaß und Freude, einen Zugewinn auszukosten.

Ablehnung Du bist mit dem, was du besitzt, zufrieden, weil dich deine Wunschgedanken kaum aus der Ruhe bringen. Der Drang des Sich-bereichern-Wollens ist in dir weniger stark ausgeprägt.

Kekse

Thema: Vertraulichkeiten

Verlangen Für dich ist alles zu hinterfragen, was mit Vertraulichkeiten in Zusammenhang steht. Z.B. „wie gehe ich mit vertraulichen Dingen um?" „Habe ich jemandem Vertrauen entgegengebracht, habe ich Vertrauen missbraucht?" „Was bedeutet Vertrauen für mich?"

Ablehnung siehe *Süßigkeiten*

Anmerkung Mit Hilfe dieser Thematik kannst du dich wirklich gut kennenlernen, denn hier befinden sich viele Einzelproblematiken, die entdeckt werden können.

Alle krümeligen, zerbröselnden Nahrungsmittel, wie Kekse, trockene Kuchen, Zwieback usw. weisen auf den Wunsch hin, dass sich Probleme zerkleinern und in ihre Einzelbestandteile auflösen möchten.

Ketchup

Thema: Besonnenheit erlangen

Verlangen Schnell und unüberlegt handelst du manches Mal in Situationen, ohne zu überlegen, was gut für dich wäre. Diese Unbesonnenheit lässt dich leicht hitzköpfig und leichtfertig erscheinen. Des Öfteren verspürst du den Wunsch, Besonnenheit zu erlangen.

Ablehnung Mit viel Überlegung planst du deine Schritte und Handlungen, da das richtige Maß an Besonnenheit in dir vorhanden ist.

Kichererbsen

Thema: Aufopferungsbereitschaft

Verlangen Deine Aufopferungsbereitschaft reicht in viele Bereiche hinein (z.B. Vereine, Familie, soziale Einrichtungen usw.). Du widmest dich dieser Aufgabe voll und ganz mit all deiner Liebe und Kraft und nimmst dich selbst in gleichem Maße immer mehr dabei zurück.

Ablehnung Deine eigenen Bedürfnisse stehen im Vordergrund und du nimmst hauptsächlich Rücksicht auf dich selbst. Dieses Verhalten ist in deiner Umgebung (z.B. bei Familienmitgliedern, Freunden und Bekannten) sehr spürbar.

Kirschen (Sauerkirschen)

Thema: Gouvernante

Verlangen Du hast ein großes Herz, kannst aber auch bewusst Grenzen aufzeigen, wenn du auf Erziehung bedacht bist. Somit ist deine Liebe mit einer gewissen erzieherischen Strenge gepaart.

Ablehnung Deine Freiheit ist dir sehr wichtig, deshalb lehnst du diese eingrenzende Liebe ab.

Kirschen (süß, Herzkirschen)

Thema: Zuneigung

Verlangen Ein sehr großmütiges, großzügiges Herz, mit einem liebevollen , spielerischen Charakter. Besitzt viel Liebe zur Natur, zu den Tieren, zu den Mitmenschen und zu sich selbst.

Wenn du gerne Kirschen essen möchtest, es der Würmer wegen aber unterlässt, so siehst du in allem etwas Negatives. Es fällt dir schwer, dich offen, frei und unvoreingenommen einem Thema zu stellen oder es anzunehmen.

Ablehnung Du fühlst dich manchmal frustriert. Bei einer grundlegenden Ablehnung kann eine Tendenz zur Verachtung dir selbst und als weitere Auswirkung auch deiner Umwelt gegenüber vorhanden sein.

Kiwi

Thema: Hoffnung

Verlangen In dieser Zeit bist du voller Hoffnung, dass du die Kraft findest, die du für einen Neuanfang brauchst. In dir entstehen allmählich froh machende, aufmunternde Gefühle, denn die Kiwi ist ein großer Hoffnungsträger.

Ablehnung Du solltest deine Lebensumstände hinterfragen, denn in dieser Zeit fühlst du dich manchmal sehr hoffnungslos und willst auch nicht getröstet werden. Die Möglichkeit, aus deinem Gefühlssumpf herauszutreten, wäre vorhanden, aber oft möchtest du eine helfende Hand nicht annehmen.

Knabbergebäck

Thema: Langeweile

Verlangen Du wirst sicher bemerken, dass du bei ernsthaften Diskussionen und Unterhaltungen wenig oder kaum

Verlangen nach Knabbergebäck verspürst. Bei lockeren Gesprächen hingegen greifst du immer wieder in die Gebäckschälchen, ebenso bei Langeweile und Antriebslosigkeit. In solchen Momenten fühlst du dich manchmal unsicher und haltlos, und deine Selbstdisziplin ist nicht sehr groß. Vielleicht sehnst du dich aber manches Mal genau nach solch lockeren, haltlosen, ungebundenen Situationen, denn diese verlangen keine Entscheidungen von dir. In Wirklichkeit wünschst du dir jedoch Sicherheit, Geborgenheit und Festigkeit.

Ablehnung In dir ist eine weitaus größere Selbstsicherheit und innere Festigkeit vorhanden, deshalb schwankst du in deinen Ansichten nicht so sehr und hast es auch nicht nötig, dich an Äußerliches zu klammern, um Sicherheit zu erhalten.

Anmerkung Knabbergebäck ist aus vielerlei und auch meist ähnlichen Anteilen hergestellt und wird oft aus Langeweile, zur Belustigung oder als Beiwerk für ein gesellschaftliches Ereignis verzehrt. Diese Tatsache ist entscheidender als die verschiedenartigen Zutaten. Dieses Gebäck besitzt deshalb eine sehr leichte energetische Bedeutung und sollte deshalb mehr mit einem lächelnden Auge betrachtet werden.

Knoblauch

Thema: Nachdenklichkeit

Verlangen Hier handelt es sich um eine ernsthafte Nachdenklichkeit, die nicht mit Freudlosigkeit verwechselt werden darf. Um Themen zu ergründen, arbeitest du ernsthaft und mit großer Akribie, so dass oft nicht viel Platz zum Lachen bleibt. Deswegen wirkst du des Öfteren auch etwas streng.

Ablehnung Du meidest das Ernsthafte und neigst dazu, alles etwas lockerer zu sehen. Das Leben wird von dir leichter genommen, deshalb grübelst du nicht ständig über Zusammenhänge, Probleme oder Tätigkeiten nach.

Kohlrabi

Thema: nutzbringend

Verlangen Oftmals unternimmst du nichts in wahrhaftiger Selbstlosigkeit, vielmehr sind deine Taten zweckdienlich. Alles soll Nutzen bringen. Meist ist diese Einstellung nur sehr unbewusst vorhanden und du glaubst, ein freundlicher Mensch zu sein, der in bester Absicht handelt. Dennoch verhält es sich in den meisten Fällen so, dass du sehr wohl einen Vorteil aus deinen Handlungen gewinnen möchtest. Hier ist eine sehr große Aufforderung damit verbunden, deine Taten, deine Worte, dein Verhalten zu überdenken. Außerdem suchst du nach Reife und umgibst dich gerne mit etwas reiferen Menschen, denn dadurch erlangst du Sicherheit und kannst von ihnen lernen.

Ablehnung Mit deinem momentanen Status und Lebensalter bist du sehr zufrieden. Du lebst lustig und fröhlich und sehnst dich nicht so sehr nach dieser reifen Haltung, weil du sie im Endeffekt gar nicht brauchst.

Kopfsalat

Thema: Energieverbindungen werden gesucht

Verlangen Es ist dein großer Wunsch, Dinge in ihrer Abhängigkeit zueinander zu erkennen und verstehen zu können. Deshalb siehst du auch Ereignisse des Alltags nie für sich alleine gestellt, sondern du bist dir sicher, dass eines vom anderen abhängt und in Verbindung zueinander steht. Geschieht irgendwo etwas, so glaubst du, dass sich dies anderweitig auswirkt. Du könntest gut und gerne ein Vertreter der Chaostheorie sein. Du weißt um diese Querverbindungen und möchtest sie suchen und ergründen. Außerdem ist dir bekannt, wie sich Gespräche im Alltag auswirken können, wenn sie weitergetragen werden.

Diese Erkenntnis kann auch für einfache Belange genutzt werden. Und je nachdem welche Absichten du in dir trägst, wirst du dieses Wissen auch zu deinen Gunsten einsetzen.

Ablehnung Du kannst in Ruhe die Thematiken des Lebens betrachten, ohne sofort Querverbindungen zu suchen, die in Abhängigkeiten zueinander stehen könnten. Obwohl du diese Energiemuster durchaus erkennst, ist dein Bedürfnis, diese untersuchen zu wollen, relativ gering.

Das Bedürfnis, Verbindungen herstellen zu wollen, ist bei dir bei Weitem nicht so stark ausgeprägt. Du erkennst durchaus Energiemuster, kannst diese aber für sich belassen, ohne sie ergründen zu wollen.

Krabben

Thema: ausweichen (aus Vorsicht)

Verlangen Du stellst dich nur ungern einer Problematik. Wenn du angegriffen oder belästigt wirst, möchtest du am liebsten ausweichen. Es bereitet dir kein Vergnügen, dich mit Problemen zu konfrontieren, die an dich herangetragen werden. Hier lässt du Vorsicht walten. Bei abschätzbaren Risiken hingegen bist du durchaus bereit, ein Wagnis einzugehen, sofern du diese Entscheidung selbst treffen kannst.

Ablehnung Unvoreingenommen gehst du deinen Weg und stellst dich leichter Konfliktsituationen und Problematiken.

Krebs

Thema: Genugtuung

Verlangen Es erfüllt dich mit großer Genugtuung, Probleme oder Aufgaben gemeistert und vollbracht zu haben. Du empfindest eine absolute innere Zufriedenheit und fühlst dich dabei sehr wohl: „Ich hab`s geschafft"!

Ablehnung Du würdest auch gerne Genugtuung empfinden, kannst dir deine Erfolge aber nicht zugestehen. Du findest immer wieder einen Makel oder Zweifel, der dich daran hindert, das Geleistete in wohlgefälliger Weise anzunehmen.

Kugelfisch

Thema: Genießer auf allen Gebieten

Verlangen Du möchtest auf sexuellem, kulinarischem und auch kulturellem Gebiet alles aufnehmen und genießen. Je mehr Verlangen nach Kugelfisch besteht, umso stärker ist diese Tendenz des Genießens ausgeprägt.

Ablehnung Du lehnst den Genuss nicht ab, aber die Sucht danach hält sich in Grenzen.

Kürbis

Thema: Empfängnisbereitschaft

Verlangen Du bist eine sehr schaffensfrohe Person, die sich immer wieder für neue Dinge interessiert und auch die entsprechende Empfängnisbereitschaft dafür besitzt. Deshalb zeigst du dich immer für Neues und Unbekanntes aufgeschlossen und bist bereit, dieses förmlich in dich aufzusaugen. Dabei spielt die Art der Zubereitung des Kürbis (als Suppe, Gemüse oder Kuchen) keine Rolle. Je ausgeprägter dein Verlangen ist, desto größer ist deine Neigung, Neues und Unbekanntes zu entwickeln und auszuprobieren.

Ablehnung Deine Bereitschaft ist nicht so ausgeprägt, neue Ideen sofort aufzunehmen und umzusetzen. Du wägst alle Möglichkeiten und Sichtweisen viel stärker ab und verwirfst manches auch wieder, weil es dich nicht genügend interessiert.

Lachs

Thema: durchdringend

Verlangen Du bist sehr kraftvoll und zur Stelle, wenn du benötigt wirst. Durch deine schnelle, flexible Art bewältigst du z.B. ohne Mühe drei Dinge gleichzeitig, dabei bist du jedoch nicht oberflächlich. Alles, was du tust, hat in diesem Moment Hand und Fuß. Ebenso schnell wendest du dich sodann wieder anderen Aufgaben zu.

Ablehnung Sich ständig auf etwas Neues einzustellen, hast du nicht so gerne, du liebst es gemütlicher. Es dauert auch eine gewisse Zeit, bis du dich wohl fühlst und eingelebt hast.

Lamm

Thema: Eingeständnis

Verlangen Deine Ehrlichkeit dir selber gegenüber verhilft dir, die Möglichkeiten und Facetten deines Tuns zu erkennen. Eigene Fehler und Stärken werden dir sehr schnell bewusst, daraus kannst du lernen und das Erkannte entsprechend umsetzen. Dabei bist du bereit, sehr schonend mit dir umzugehen.

Ablehnung Die Erkenntnis, sich mit gewissen Problematiken auseinanderzusetzen, ist durchaus vorhanden, aber es gelingt dir nicht immer. Es fällt dir schwer, dich zu überwinden, stattdessen umrundest du Probleme, weil es dir schwierig erscheint, darauf zuzugehen.

Lauch

Thema: ein sehr „luftiges“ Gemüse, feine Frequenzen, Feinstofflichkeiten, hier beginnen „Ideen zu sprudeln“

Verlangen In dieser Zeit trägst du viele neue Ideen in dir, die immer deutlicher werden, hochsteigen und sich entwickeln möchten. Hörst du in dich hinein, so verspürst du feine Schwingungen und Frequenzen, die in dir eine Leichtigkeit auslösen, um diese Ideen zu verwirklichen.

Ablehnung Du möchtest am liebsten alles so belassen, wie es momentan ist, und keine Veränderungen vornehmen. Im Augenblick fällt es dir ein wenig schwer, deinen Geist sprudeln zu lassen.

Lauchzwiebel

Thema: Vielfältigkeit

Verlangen Du bist ein spritziger, überschäumender, lebenslustiger Mensch, der nach allen Seiten offen ist. Deine Ideen sprühen in alle Richtungen. Gerne und mit Begeisterung sammelst du möglichst viele Informationen, kannst dir diese auch merken und gibst sie gerne weiter. (Liebevoll: ein kleiner Ratscher.) Für dich ist Vielfalt etwas Wunderbares, egal in welcher Richtung, z.B. beim Essen: Es würde dich nicht stören, griechisch, chinesisch oder bayerisch zusammenzuwerfen. Ebenso könntest du verschiedene Stilrichtungen miteinander verbinden, seien es z.B. Bilder, Skulpturen, Möbelstücke, Musik usw. Du bist wirklich ein Vielfalt suchender und Vielfalt genießender Mensch.

Ablehnung Klarheit, Ordnung und System ist für dich wichtig, demzufolge lehnst du alles ab, was in deinen Augen nicht zusammenpasst, z.B. ein Blumenstrauß, der aus vielen verschiedenen Arten besteht. Auch Kleidung oder eine Wohnungseinrichtung sollte deiner Meinung nach immer passend zusammengestellt sein. Ein Mischmasch ist dir also zuwider.

Leberkäse

Thema: Undurchdringlichkeit

Verlangen Zurzeit ist in dir vieles durcheinander und du glaubst, bis zum Hals in Problemen festzustecken. Dabei verzettelst du dich immer mehr und siehst den „Wald vor lauter Bäumen“ nicht. Obwohl deine Probleme meist gar nicht so schlimm wären, ist eine Lösung für dich kaum erkennbar. Du glaubst, alles auf einmal bewältigen zu müssen, aber du würdest schneller ans Ziel kommen, wenn du deine Probleme nacheinander angehen würdest.

Ablehnung Du bist eher in der Lage, eines nach dem anderen anzugehen. Auch wenn eine Vielzahl von Problematiken oder Aufgaben anstehen, lässt du dich davon nicht verwirren.

Limette

Thema: herber Humor

Anmerkung Die Limette ist mit ihrem etwas herben Humor in etwa bedeutungsgleich mit der Zitrone, wobei diese allerdings frischer und fröhlicher wirkt.

Linsen

Thema: Einigkeit

Verlangen Der Wunsch nach Einigkeit, Einigung, Einssein ist schon fast übertrieben in dir vorhanden. Hast du eine Familie, so möchtest du, dass sie sich wohlwollend um den Tisch vereint, alle sollten möglichst zufrieden sein. Am liebsten würdest du die ganze Welt vereinen, und so ist es dein größter Wunsch, dass sich alles im Leben zum Besten fügt. Je extremer aber dein Wunsch danach ist, umso weniger kommst du mit diesem Bedürfnis zurecht, vor allem, weil du sehr bald feststellen musst, dass dieses Ziel nicht erreichbar ist. Darunter leidest du verständlicherweise oft und findest wenig Verständnis für dein Einheitsbedürfnis.

Ablehnung Manches Mal träumst du davon, dass es schön wäre, wenn sich die Welt in Frieden vereinigen würde, aber du erkennst genau, dass dies nur eine Illusion ist, und so nimmst du die Welt, wie sie ist, und stellst mit einem Seufzer fest: „Es hilft ja doch nicht.“

Mais

Thema: Kleingläubigkeit, Wunsch nach globalem, grenzenlosen Denken

Verlangen In dir ist der Drang vorhanden, die Kleingläubigkeit, das begrenzte Denken, das dich letztendlich einengt, sprengen zu wollen. Entsprechend hast du den Wunsch nach globalem, grenzenlosen Denken. Aber es sind zu viele geprägte Ansichten in dir, die dich nicht so schnell loslassen. Der Wunsch und die Sehnsucht, dieses Kleingläubige aufgeben zu wollen, ist zwar sehr groß, aber es bedarf noch einiger Schritte auf diesem Weg.

Ablehnung Das Interesse an großen Zusammenhängen hat momentan keine Priorität. Vielmehr möchtest du deine Gedanken und Interessen bei dir behalten bzw. dich deinen eigenen Möglichkeiten zuwenden. In dieser Phase ist es nicht nötig, sich zu erweitern.

Makrele

Thema: Hektik / Nervosität

Verlangen Oft bist du sehr hektisch und fahrig (ein nervöser Typ, der sich leicht verzettelt). Deshalb widerfahren dir immer wieder Missgeschicke. Du weißt aber um deine Absicht, deshalb fühlst du dich stets im Recht. Der Grund für deine hektische Art ist ein vermeintlicher Zeitmangel, denn du glaubst, dass dir die Zeit davon läuft. So kannst du nichts ruhig angehen, alles muss „husch, husch" erledigt werden.

(Die Ursache hierfür ist oft eine karmische Angelegenheit, die sich auf frühere Erlebnisse bezieht. So musste in einer möglichst kurzen Zeit möglichst viel geschehen, weil „die Zeit ablief".)

Ablehnung Hier nimmt die Hektik immer mehr ab. Du bist zwar auch zielgerichtet, agierst dabei aber mit Ruhe und Bedacht.

Mandarine

Thema: Kreativität entwickelt sich

Verlangen Weil bei dir der Rahmen nicht so streng gesetzt ist wie z.B. bei der Orange, ist es dir leichter möglich, innerhalb deines normalen Ordnungssystems auch noch Kreativität entstehen zu lassen. Dieses bemerkst du sehr wohl an dir, nur die Umsetzung gelingt nicht immer. Du freust dich jedoch sehr über kleine Erfolge und Höchstleistungen, die sich im Rahmen deiner Möglichkeiten bewegen.

Ablehnung Deine kreative Ader ist etwas abgeschwächt, sie hält sich in Grenzen. In dieser Zeit begnügst du dich damit, z.B. Kreuzworträtsel zu lösen, und kannst dabei sehr zufrieden sein..

Anmerkung Wenn du auf Mandarinen allergisch reagierst, hast du kein Vertrauen zu deiner eigenen Kreativität. Der Wunsch danach wäre vorhanden (weil auch der Wunsch nach der Frucht besteht), aber Angst und Zweifel lassen die eigene Kreativität nicht genügend zum Vorschein kommen, um ausgelebt zu werden.

Mango

Thema: Widerstandskämpfer

Verlangen Ein kleiner Rebell! Du könntest bei einer Revolution mitgewirkt oder auch Jeanne d`Arc gekannt haben. Auch in deinem Alltagsleben steht dein Revolutionsgedanke im Vordergrund. So unterstützt du leidenschaftlich eine Sache, wenn du sie für richtig hältst (z.B. Mitwirkung bei Informationsständen, oder du kämpfst gegen bestehende Normen und Ansichten.) Dieser Drang setzt sich aber auch in kleinen Dingen fort, was dich oft gegen den Strom schwimmen lässt. (Wenn alle dafür sind, bist du dagegen!) Dieses Verhalten ist allerdings nicht negativ zu bewerten, da in festgefahrene Ordnungssysteme auf diese Weise Bewegung geraten kann.

Ablehnung Du bist bereit, bestehende Normen zu akzeptieren. Zwar äußerst du manchmal die Ansicht: „Hier müsste was geändert bzw. verändert werden“, aber deine Motivation ist kaum stark genug, um tatsächlich etwas zu unternehmen (wie z.B. einen Protestbrief zu schreiben, an Demonstrationen teilzunehmen, Unterschriften zu sammeln usw.) Du vertrittst vielmehr den passiven Widerstand!

Mangold

Thema: Wunschgedanken, Träumer

Verlangen Aufgrund deines liebevollen und feinfühligen Charakters kannst du im Grunde niemandem ein Leid zufügen. Diese Zartheit findet sogar in der Körperlichkeit ihren Ausdruck, weshalb viele Mangoldliebhaber von schlanker, feiner Statur sind. Auch findest du viel Gefallen daran, Luftschlösser zu bauen, um mit Begeisterung darin zu lustwandeln. Diesen Träumereien haftet oft ein Hauch von Wehmut an, glaubst du doch, dass sich diese Illusionen nie in die Tat umsetzen lassen. Gleichwohl kommst du mit deinem Leben gut zurecht, denn durch diese Träumereien werden immer wieder Energien in dir zutage gefördert, die dich ständig aufs Neue motivieren.

Ablehnung Du bist ein Realist, der seine Ideen zügig in die Tat umsetzt. Anstatt langen Theorien nachzuhängen, nimmst du die Dinge in die Hand, greifst zu, überlegst nicht lange und „packst an“. Ein sachlich, nüchtern denkender Mensch, der weiß, was machbar ist.

Mayonnaise

Thema: zu Gunsten …

Verlangen Du bist bereit, zu Gunsten einer Idee, eines Erfolges oder Belohnung eigene Interessen zurückzustellen. Dieses Zurücknehmen der eigenen Interessen kann sich auch über einen längeren Zeitraum, sogar über Jahre erstrecken, wenn z.B. zu Gunsten des Partners eigene Bedürfnisse zurückgenommen werden. Bei der Durchführung deiner Absichten und Ideen mobilisierst du all deine Kräfte. Dein Verhalten wird entweder ganz konkret mit dem Verstand gesteuert oder es entspringt einer inneren aufopfernden Haltung. .

Oftmals sind es aber nur kurze Phasen im Leben, in denen man seine eigenen Bedürfnisse oder Vorhaben aufschiebt, um sich für andere einzusetzen. Auf alle Fälle steckst du deine eigenen Wünsche und Bedürfnisse zu Gunsten anderer zurück.

Ablehnung Auch in dir ist die Tendenz vorhanden, hilfsbereit einzugreifen, wenn es nötigt ist. Trotzdem schaust du mehr auf deine eigenen Bedürfnisse und lässt dich, auch wenn Erfolg winken würde, nicht sogleich euphorisch mitreißen, um dich zu Gunsten eines anderen zu engagieren. Deshalb legst du z.B. nur ungern ein interessantes Buch zur Seite, wenn dein Kind mit dir spielen möchte. Zu Gunsten des Kindes und aus Liebe zum ihm wirst du dieses trotzdem tun, aber innerlich fühlst du dich etwas genervt.

Meeresfrüchte

Thema: Emotionen

Anmerkung Ein sehr großer Gefühlskomplex schwingt in dem Element Wasser/Meer mit. Die Lebewesen, die aus diesem Element stammen, tragen diese Gefühlsschwingungen in sich (wie z.B. sich selbst liebevoll zuzuwenden, sich schätzen, sich nähren und aufbauen wollen, auch Zufriedenheit).

Aus dem Meer kommende Nahrungsmittel enthalten in der Regel sehr viel Nahrhaftes und Nährendes – sowohl für den Körper als auch für die seelischen Bedürfnisse.

Allerdings wird hier zwischen den steril gezüchteten Meeresfrüchten und den frei lebenden Meerestieren unterschieden.

Bei gezüchteten Meeresfrüchten weist der nährende Aspekt einen gezwungenen, eingezwängten Charakter auf. (Hier möchte man sich unter Zwang Gutes tun), während der Bevorzuger einer frei lebenden Meerestierart sich in Freiheit nährt und sich in freudiger, freier Absicht etwas Gutes tut, also nicht mit Druck!

Ablehnung Bei einer generellen Ablehnung von Meeresfrüchten verweigert man sich diese Gefühlsbereiche.

Meerrettich

Thema: Ausgleich schaffend

Verlangen Du hast den Wunsch, in der Mitte zu ruhen. Alles, was zu viel oder zu wenig ist, möchtest du ausgleichen. So versuchst du auch bei Streitigkeiten zu schlichten oder bei Ungerechtigkeiten Abhilfe zu schaffen, weil du ein sehr gerechtigkeitsliebender Mensch bist.

Ablehnung Dir ist es relativ egal, wenn zwei Streithähne eine Auseinandersetzung haben. Du könntest ihrem Tun relativ gelassen zusehen und möchtest nicht unbedingt gleich eingreifen. Dies bedeutet zwar nicht, dass es dir vollkommen gleichgültig wäre, aber du echauffierst dich nicht darüber. Das Bedürfnis, Ausgleich zu schaffen, ist weniger vorhanden.

Melone (Galiamelone)

Thema: Verstrickungen

Verlangen Du verstrickst dich leicht in eigene Wünsche, Bedürfnisse und Vorhaben. suchst nach Neuigkeiten, einem Neubeginn und neuen Möglichkeiten. Dabei verhedderst du dich aber des Öfteren. Hier fehlt der klare Überblick.

Ablehnung Diese Problematik ist hier weniger vorhanden. Du siehst klare Linien, einen klaren Weg, den du auch beschreitest.

Melone (Honigmelone)

Thema: etwas Neues entsteht

Verlangen Achte auf deine Fähigkeiten, denn ein Neubeginn ist im Gange. Hier kannst du auf etwas aufbauen, was zurZeit im Entstehen ist. Suche nach deinen Möglichkeiten. Es ist bereits eine Basis vorhanden, der Samen beginnt zu sprießen.

Ablehnung Hier lehnst du deine Möglichkeiten ab, die du durchaus sehen könntest, würdest du genauer hinsehen. Du sagst z.B. „Ich trau mich nicht". Aber nicht Angst ist der Grund, sondern deine Unlust. Ebenso ist ein kleiner Hang zur Sturheit in dir vorhanden.

Melone: (Wassermelone)

Thema: Botschaften übermitteln, starker Energieträger

Verlangen Mit Freude und Begeisterung bist du offen und bereit, Mitteilungen weiterzugeben. Dein Wunsch, Botschaften zu überbringen, ist ein Grundbedürfnis von dir. Deine Absicht dabei ist letztendlich wohlmeinend, auch wenn du manchmal etwas zu viel weitergibst.

Ablehnung Das Bedürfnis, Mitteilungen weiterzutragen, ist nicht so stark vorhanden. Du hast kaum Interesse daran.

Milch

Thema: Enttäuschung

Verlangen Du hast schon viele Enttäuschungen erlebt und versuchst, diese zu verarbeiten und auszugleichen. Weil die Milchenergien einen glättenden, regenerierenden, beruhigenden, friedvollen und besänftigenden Charakter haben, drängt es dich in dieser Zeit besonders nach Milch.

Ablehnung Es ist nicht einfach, dir etwas recht zu machen, dich zu begeistern, denn dein etwas „säuerlicher“, kritischer Charakter lässt dies nicht immer zu. Aufgrund deiner nörgelnden Natur dämpfst du oft die Euphorie der anderen, weil es dir schwer fällt, vorbehaltlos freudig zu sein.

Anmerkung Bei einer Milchunverträglichkeit möchtest du bewusst in einer Enttäuschung stecken bleiben, wirkst verbohrt und willst dir nicht helfen lassen. Du fühlst dich dabei frustriert und würdest am liebsten kapitulieren.

Löst du das Problem, so wird im Laufe der Zeit die Unverträglichkeit abnehmen, weil deine Seele wieder bereit ist, Hilfe anzunehmen.

Mirabellen

Thema: Niederträchtigkeit, Gehässigkeit,
ein sehr „reizendes“ Obst

Verlangen Manchmal würde es dich befriedigen, etwas gehässig, unleidlich und rachsüchtig zu sein. Oft gibt es aufgestachelte Emotionen, die dich dazu verleiten, so zu denken und zu fühlen. Letztendlich aber ist dein Verhalten harmlos und richtet deshalb keinen größeren Schaden an.

Ablehnung Dir ist daran gelegen, eine friedvolle Einigung bei Streitereien zu finden. Aufgrund deiner friedvollen Art wünschst du dem anderen nichts Schlechtes und deshalb entstehen gehässige Gedanken nicht so leicht in dir.

Muscheln

Thema: Einsamkeiten abtöten

Verlangen Du fühlst dich in der Regel etwas vernachlässigt, alleine und einsam. Auch wenn du in einen Familienverband oder Vereinskreis eingebunden bist, fühlst du dich dennoch oftmals allein gelassen. Diese Einsamkeitsgefühle möchtest du loswerden.

Ablehnung Du bist nicht wirklich gewillt, deine Einsamkeiten aufzulösen. Trotz und Widerstand hindern dich daran. Es ist vielmehr der Wunsch, umsorgt und bemitleidet zu werden. Die Dinge selbst in die Hand zu nehmen, würde Konsequenzen und Disziplin erfordern. Angenehmer erscheint es dir dagegen, in dieser Situation zu verharren. Dies ist der Widerstreit, der in dir herrscht.

Nektarinen

Thema: Beständigkeit, Verlässlichkeit

Verlangen Hier zeigt sich ein sehr treuer Charakter, der die Verlässlichkeit sehr ernst nimmt. Ebenso wird deine Beständigkeit und Ausgeglichenheit sehr geschätzt.

Ein übermäßiger Genuss dieser Früchte offenbart deine Tendenz, andere mit deiner Treue zu erdrücken, was oft als ein Zuviel an Treue und Verlässlichkeit empfunden wird.

Ablehnung Flexibilität wird bei dir groß geschrieben. So wirst du wohl niemanden mit deiner Treue erdrücken, und auch selbst lässt du dich nur ungern eingrenzen.

Nudeln

Thema: Annahme - Aufnahmebereitschaft

Verlangen In der Regel bist du ein aufmerksamer Zuhörer und auch in der Lage, dir etwas sagen zu lassen, ohne dass dir dabei ein „Zacken aus der Krone“ fällt. Wenn du dich dazu in der Lage fühlst, kannst du, was du an Wissen und Weisheiten erfährst, gut annehmen und umsetzen. Spitzbübisch gibst du dies auch manchmal als eigene Erkenntnis zu deinen Gunsten weiter. Ebenso nimmst du aber auch die Emotionen der anderen sehr feinfühlig wahr. In einer gemütlichen Atmosphäre sitzt du deshalb gerne mit Freunden zusammen und liebst Gespräche und Diskussionen. Dabei bemühst du dich um ein sprachliches Niveau, denn die Kunst der Sprache liegt dir sehr am Herzen.

Ablehnung Aufgrund deines vorsichtigen, zweifelnden Charakters überlegst und überprüfst du Gehörtes lieber zweimal und bist deshalb nur zögerlich bereit, eigene Ansichten vorschnell kundzutun bzw. fremde anzunehmen. Du lässt zwar einen Austausch zu, aber bei weitem nicht so vorbehaltlos wie der Nudelgenießer.

Nüsse

Thema: Widerstand brechen (Konfrontation)

Verlangen Hier ist der Wunsch und auch die Kraft vorhanden, sich klar und ernsthaft durchsetzen und durchbeißen zu wollen. Dies bezieht sich sowohl auf deine Umgebung, als auch auf dich selbst. Je stärker dein Wunsch nach Nüssen ist, desto offener und aktiver ist die Art der Auseinandersetzung.

Ablehnung Weil du offene Konfrontationen scheust und vermeiden möchtest, versuchst du Lösungen möglichst mit friedfertigen Mitteln, oder auch auf Umwegen zu erreichen. Dein Sicherheitsbedürfnis ist so groß, daß du manchesmal sogar einen Rückzug in Kauf nimmst.

Anmerkung Diese Bedeutung kann auf alle Nusssorten übertragen werden, da sich das Grundthema „Widerstand brechen“ in jeder Nuss findet.

Obstkuchen

Thema: zweigeteilt

Verlangen So wie der Obstkuchen aus zwei Komponenten besteht, so bist auch du oft zweigeteilt. Zwei Seelen schlagen förmlich in deiner Brust, und dadurch hast du immer wieder das Gefühl, zwischen zwei Stühlen zu sitzen. (Dies bezieht sich auf Meinungen, Problematiken, Lebensalltag usw.) Diese Zerrissenheit ist ein ständiges Problem für dich.

Ablehnung siehe auch bei *Süßigkeiten* bzw. unter dem jeweiligen Obst nach.

Anmerkung Im Gegensatz zur trägen, zähen Art der Sahnetorte ist beim Obstkuchen eine gewisse Leichtigkeit bei der Problembewältigung erkennbar, da er sich aus verschiedenen Elementen zusammensetzt.

Oliven

Thema: Wunsch, Kompromisse einzugehen

Verlangen Du wirst immer bemüht sein, Situationen auszugleichen und Kompromisse herzustellen. Deine Motivation ist manchmal unterschiedlich: entweder hast du Angst vor Auseinandersetzungen, oder es ist dir schlicht und einfach nur an Frieden, Ausgleich oder einer gleichwertigen Handhabung von verschiedenen Meinungen gelegen. Diese Komponenten erklären dein starkes Verlangen nach Kompromissen.

Ablehnung Ohne weiteres kannst du akzeptieren, dass verschiedene Ansichten im Raum stehen bleiben, weil es dir wichtig ist, dass jeder seine Meinung bzw. seinen Standpunkt vertreten kann. Du strebst nicht laufend danach, immer für alle eine passende Regelung zu finden. Gelingt ein Kompromiss, ist es gut – wenn nicht, kommst du mit dem Ungleichgewicht auch ohne weiteres zurecht.

Ölsardine

Thema: Beliebtheitsgrad

Verlangen Geliebt zu werden ist dein grundsätzliches Bedürfnis. Du unternimmst alles Mögliche, um beliebt zu sein, und weißt dich auch sehr gut in Szene dafür zu setzen, deshalb lässt du keine Gelegenheit verstreichen, um deinen Beliebtheitsgrad zu steigern.

So kann es auch mal vorkommen, dass du andere zur Seite drückst, um im Vordergrund zu stehen und dadurch den meisten „Sonnenschein der Beliebtheit" zu ergattern. Obwohl du manchmal vorpreschend bist und dabei ein wenig aufdringlich wirkst, besitzt du dennoch einen sehr liebenswerten Charakter, den viele an dir schätzen.

Ablehnung Du bist mit dir selbst zufrieden, deshalb ist dein Bedürfnis, im Mittelpunkt zu stehen, nicht so groß. Trotzdem genießt du es, Ovationen und Lob entgegenzunehmen, auch wenn du dabei manches Mal ein bisschen verlegen wirst.

Orange

Thema: Ordnung

Verlangen Ein gut funktionierender Lebensmechanismus steckt hier dahinter. Du überlässt nichts dem Zufall, deshalb möchtest du dein Leben geordnet wissen (Menschen, Dinge, Arbeiten, Umstände etc.). Der Wunsch, im Außen eine Ordnung, einen gesetzten Rahmen zu haben, ist sehr groß.

Ablehnung Hier sind diese disziplinierten Formen, Rahmen und Grenzen nicht mehr erkennbar, tendierst im Extremfall zum Chaos. Du lebst in den Tag hinein, überlässt vieles dem Zufall und fühlst dich auch noch glücklich dabei. Diese äußeren Grenzen, die andere als Rahmen fürs Leben brauchen, kümmern dich nicht. (Ein kleiner Lebenskünstler.)

Anmerkung Wenn du Orangen gerne essen würdest, davon aber Pickel bekommst, möchtest du in ein Ordnungsprinzip hinein fliehen, lehnst es aber innerlich ab. Der Wunsch, im Außen eine Ordnung, einen gesetzten Rahmen zu haben, ist sehr groß. Letztendlich bist du aber innerlich nicht bereit, diese Ordnung anzunehmen. Vielmehr möchtest du frei sein und deine Freiheit unter allen Umständen genießen. Dieser Zwiespalt zeigt sich sodann als körperliche Reaktion (ist letztendlich eine Ablehnung).

Pampelmuse

Thema: Suche nach Frieden und Bereicherung

Verlangen Du liebst Ruhe, Beschaulichkeit und die Stille, deshalb meidest du die grellen und schrillen Dinge des Alltags. Es ist der Ausdruck deiner Mentalität, in Ruhe etwas genießen zu können. Z.B. wenn du ein Buch liest, wenn du eine Stickerei oder Bastelarbeit zur Hand nimmst. Du könntest auch ein Imker sein. In jedem Fall liebst du es, in aller Ruhe einer Beschäftigung nachzugehen. Aufgrund dieser inneren Ruhe bist du sehr zufrieden und mit dir selbst im Reinen. Deine Wünsche sprichst du aus, forderst sie aber nicht lautstark ein.

Ablehnung Dir fällt ständig etwas ein, was du tun könntest, aber deine innere Unruhe lässt dir oft keine Zeit, etwas in Beschaulichkeit durchzuführen. Möchtest du z.B. ein Buch lesen, klappst du es wieder zu, weil dir ein anderer Gedanke in den Sinn kommt, z.B. „ach, die Waschmaschine ist jetzt fertig“… usw.

Papaya

Thema: gibt den Auftrag, aufmerksam zu sein

Verlangen Deine Aufmerksamkeit gegenüber deinen Mitmenschen ist groß und eine gewisse Dominanz ist dir zu eigen, wenn du anderen Menschen mitteilen möchtest, worauf und wann sie aufmerksam sein sollen. Bevorzugte Sätze wären z.B.: „Du hast jetzt aufzupassen, gib Acht, es ist wichtig, was jetzt gesagt wird", usw. Hier ist ein kleiner wohlwollender „Besserwisser" am Werke, der glaubt, Recht zu haben, bzw. zu wissen, wann und wo sich jemand mit seiner Aufmerksamkeit hinwenden soll.

Ablehnung Anstatt dominant und lehrhaft zu sein, gibst du deinen Mitmenschen am Rande so manch guten Ratschlag, wie z.B. „da gäbe es etwas, was man sich anhören könnte…", und überlässt es ihnen, sich frei zu entscheiden. Es liegt dir nicht daran, diese Aufforderung ständig zu wiederholen, weil es dir wichtiger ist, eine Anregung zu geben als diese durchzusetzen.

Paprika

Thema: Edelmut

Verlangen Es erfreut dich, wenn man dir mit Achtung entgegentritt, so wie man jemandem begegnet, der von höherem Stand oder Abstammung ist. Der Wunsch nach Respekt ist hier aber nur Beiwerk, vielmehr soll man deine Besonderheit erkennen und achten. Du selbst versuchst entsprechend auch, diese Art zu leben, weil du davon überzeugt bist, dass es gut ist, solch hohe Eigenschaften wie Edelmut, Höflichkeit, Hilfsbereitschaft usw. zu besitzen. Diese Rolle gefällt dir, und am meisten würde es dir gefallen, wenn diese feinen Züge an dir auch erkannt werden.

Ablehnung Es gefällt dir, wenn dich die anderen als burschikosen Kumpel, Sportskameraden ansehen, mit dem man „Pferde stehlen" kann. Auf vornehmes Getue legst du nicht solch großen Wert. Für dich ist es wichtiger, mit beiden Beinen auf dem Boden zu stehen als ein vornehmes Getue an den Tag zu legen. Trotzdem möchtest du von den anderen gerne gesehen werden, und zwar wie gesagt vorrangig als guter Kumpel und Kamerad.

Anmerkung Jede Ausrichtung ist gepaart mit einer gewissen Durchsetzungskraft bzw. einem Durchsetzungswillen. Beide Charaktere sind sich dieser Kraft bewusst und setzen sie auch ein, wenn sie etwas erreichen möchten.

Petersfisch

Thema: Harmlosigkeit

Verlangen Ein friedlicher, harmloser Charakter, der in seinem Umfeld keine Verwirrung anstiftet.

Ablehnung Du trittst manchmal ins Fettnäpfchen, jedoch nicht absichtlich, sondern eher aus Tolpatschigkeit.

Pfeffer

Thema: angespannt sein

Verlangen So richtig loslassen und entspannen kannst du selten. Deine innere Anspannung ist nahezu ein Dauerzustand, der allmählich zur Gewohnheit wird, und du fühlst dich immer etwas unter Druck. Diese Art von Spannung und Erwartung kann auch durch Angst oder Dauerstress ausgelöst werden.

Ablehnung Für dich ist es sehr wichtig, Ruhepausen einzulegen oder ganz bewusst eine Auszeit zu nehmen, wenn du dies möchtest. Ob dabei die Situation allerdings immer passend ist, ist eine andere Frage. Du könntest z.B. eine Sitzung verlassen, weil du jetzt eine Pause möchtest. Du tust dies einfach, während der „Verlanger" sich kaum trauen würde, so etwas zu tun.

Pfirsich

siehe *Nektarine*

Pflaumen

Thema: im Mittelpunkt stehen

Verlangen Du besitzt eine große Eigenliebe und achtest und schätzt dich sehr. Manches Mal vergötterst du dich geradezu und möchtest dies auch zum Ausdruck bringen, z.B. in Form einer öffentlichen Darstellung oder Anerkennung. Du möchtest gesehen werden und stehst gerne im Mittelpunkt. Durch dein joviales Auftreten bei Gesellschaften und Parties bekommst du oft Ovationen und genießt diese sehr. Für deine Anerkennung ist also nicht wirkliches Wissen oder Weisheit maßgeblich, sondern hauptsächlich dein Auftreten. (Mehr Schein als Sein.)

Ablehnung Dein Bedürfnis, im Mittelpunkt zu stehen, ist nicht so stark ausgeprägt. Stattdessen legst du eine angelernte, aufgesetzte Bescheidenheit an den Tag, die mit wirklicher Demut wenig zu tun hat. Dies ist auch der Grund, weshalb du auf dein Umfeld nicht so glaubhaft wirkst. Trotzdem bist du mit dir selbst relativ zufrieden, zumal du den Anschein bzw. die gesellschaftliche Form gewahrt hast.

Pflücksalat

Thema: Beständigkeit

Verlangen Deine Beständigkeit zeigt sich unter anderem in einer Sammlerleidenschaft, deshalb sammelst du alles Mögliche, wie Kochrezepte, Kleinteile, Dinge, die man wieder brauchen könnte usw. Alles wird verwertet. Du wirkst sehr emsig und fleißig, oft auch unauffällig. Wenn du gebraucht wirst, bist du für andere da, ohne dich aber selbst in den Vordergrund zu stellen. Und immer sammelst du, verwahrst Dinge, trägst alles Mögliche zusammen und hortest dieses wie einen kleinen Schatz. Wenn allerdings jemand etwas benötigt, gibst du gerne davon ab und freust dich auch noch darüber, dass sich deine Sammlerei gelohnt hat und für andere zum Nutzen wurde. – Eine sehr großzügige Seele!

Ablehnung Auch du hortest und sammelst vieles, gibst aber nicht so gerne davon ab. Erst nach einem gewissen Drängen bist du dazu bereit, allerdings erwartest du dann aber auch einen entsprechenden Dank, ein Lob oder zumindest eine löbliche Erwähnung deiner Gabe. Obwohl es deinem grundlegenden Naturell entspricht, hilfsbereit zu sein, wünschst du dir jedoch eine Gegenleistung.

Pilze

Thema: Hochkonjunktur, Schaffensfreude

Verlangen Eine sehr schaffensfreudige Phase, die mit sehr viel Kraft und Motivation verbunden ist. Du bist an deiner eigenen Entwicklung interessiert, hast aber auch die Fähigkeit, andere Menschen zu eigenen Entwicklungsschritten zu motivieren.

Wenn du kleine Pilze bevorzugst, so vollbringst du hin und wieder kleine Taten mit großem Wert. Je größer und ausladender die Kappe deiner bevorzugten Pilzsorte ist, desto weitreichender sind auch deine Möglichkeiten.

Ablehnung Hier suchst du nicht so sehr die Verwirklichung im Außen. Du liebst es bequem und siehst lieber fern, als dich auf neue Ideen und Aktivitäten einzulassen. Mit Engelszungen muss man auf dich einreden, damit du aus deiner Lethargie herauskommst. (Ein kleiner Faulenzer.)

Pizza

Thema: Vielschichtigkeit, „Familiengericht“ (viele Ansichten und Temperamente treffen zusammen)

Verlangen Du bist Fremden, Neuem, Andersartigem gegenüber sehr aufgeschlossen. Man kann dich als weltoffenen, gesprächsbereiten Menschentyp bezeichnen, der Kontakte zu allen Schichten und Kulturen aufzunehmen bereit ist. Darüber hinaus bist du sehr gesellig. In einer fröhlichen Runde fühlst du dich deshalb wohl, ergreifst auch des Öfteren das Wort und hältst so die Gespräche in Gang.

Ablehnung Dein Lebensstil ist mehr zurückgezogener und privater Natur. Deshalb leidest du nicht darunter, auch mal alleine zu sein. Dein Bedürfnis, mit allen bekannt zu sein, ist nicht sehr groß, einige gute Freunde genügen dir.

Pommes frites

Thema: Abnutzungsgefahr

Verlangen Hier verschleuderst und verschwendest du viele deiner Möglichkeiten, weil du dich oft übernimmst (z.B. bei der Arbeit) und dadurch mit deinen Reserven nicht haushalten kannst. Gerne übertreibst du ein wenig und kannst das richtige Maß dadurch oft nicht sehen. So nutzt du deine Kapazitäten im Laufe der Zeit etwas ab.

Ablehnung Du bist in der Lage zu erkennen, wann du innehalten sollst, wann es genug ist (z.B. auch beim Sammeln von Akten, Artikeln usw.). Zur rechten Zeit gönnst du dir auch Ruhepausen, um Körper, Geist und Seele nicht zu überfordern.

Anmerkung Im Laufe der Zeit sind Pommes zu einem eigenständigen Nahrungsmittel geworden, deshalb liegt ihnen auch eine individuelle energetische Bedeutung zugrunde.

Pudding

Thema: Talent für Genialität

Verlangen Hier lässt du oft dein Talent für Geniales brachliegen. In diesem Fall bedeutet dies: wiederentdecken!

Ablehnung siehe *Süßigkeiten*

Anmerkung Wenn du eine Speise, wie z.B. Pudding, Götterspeise etc. „schlabberst", bedeutet dies, dass in dir der Wunsch vorhanden ist, Probleme möglichst mühelos zu bewältigen.

Merke: Bei allen Nahrungsmitteln, die leicht zu kauen sind, möchte man eine Anstrengung vermeiden.

Pute

Thema: Eintracht

Verlangen Du besitzt einen liebevollen, etwas behäbigen, aber auch gemütlichen Charakter und gehst langsam und behutsam auf Probleme zu. Dabei achtest du z.B. sehr darauf, nirgends einen Keil hineinzutreiben, weil es dein innigster Wunsch ist, Eintracht und Verständnis herzustellen. Gelingt dir dies nicht, bist du traurig und enttäuscht.

Es liegt dir viel daran, diese Eintracht zu erhalten. An dieses Bedürfnis, das über einen normalen Wunsch hinausgeht, klammerst du dich förmlich. Ausschlaggebend für dieses Verhalten ist eine starke Erinnerung an Harmonie, die du in deiner Kindheit erleben konntest. (Kann auch aus einem früheren Leben mitgebracht worden sein.)

Ablehnung Auch du bemühst dich, Eintracht herzustellen. Wenn dies aber nicht möglich ist, leidest du nicht sonderlich darunter, vielmehr akzeptierst du diesen Zustand, der dir im Grunde genommen egal ist. Zu einem späteren Zeitpunkt hingegen unternimmst du gerne einen erneuten Versuch.

Quark

Thema: Leichtfertigkeit

Verlangen Die Ernsthaftigkeit ist hier ein wenig in den Hintergrund gerückt. Man könnte sagen, du hast sie aus den Augen verloren. So kann es dir passieren, dass du nachlässig wirst und manches, was wichtig wäre, nicht sofort erkennst. Dadurch fällst du manchmal auf die Nase.

Ablehnung Du würdest gerne leichtfertig sein, traust dich aber nicht. Manches Mal bist du neidisch auf diejenigen, die ein solches Verhalten an den Tag legen.

Quitte

Thema: Verbitterung

Verlangen Oft spürst du in verschiedenen in Situationen eine innere Verbitterung. Es fällt dir schwer, dir selbst gegenüber gnädig zu sein, obwohl es dir sehr gut tun würde.

Ablehnung Du möchtest diese Verbitterung abschütteln, sie ist dir lästig. Du möchtest mit diesem Gefühl nicht konfrontiert werden und dich auch der Ursache der Verbitterung nicht stellen.

Radieschen

Thema: Selbstbehauptung

Verlangen Obwohl du ein gewisses Grundpotential an Kraft, Wille und Durchsetzungsfähigkeit besitzt und dieses auch erhalten möchtest, fühlst du dich momentan verletzt, frustriert, enttäuscht und glaubst, öfter den Kürzeren zu ziehen. Dein Wunsch, dich selbst zu behaupten, ist deshalb sehr groß.

Ablehnung Du nimmst dich selbst nicht sehr wichtig, deshalb kann man dich relativ leicht einschüchtern und manipulieren. Schnell gehorchst du Aufforderungen und Anweisungen, ohne viel dagegen zu setzen oder aufzubegehren. Es gefällt dir nicht, wie man sich dir gegenüber verhält, und du würdest dich gerne behaupten, aber oft hast du einfach nicht die innere Kraft, dich dagegen zu wehren und „Nein“ zu sagen.

Reh

Thema: Schamhaftigkeit

Verlangen Du verdeckst gerne deine inneren Gefühle und Bedürfnisse und hast Probleme damit, sie der Außenwelt mitzuteilen, schämst dich sogar, diese zuzugeben. Deine Umgebung empfindet diese „Geheimnisse“ jedoch bei weitem nicht so schlimm wie du selbst. Andererseits würdest du diese Seiten aber auch gerne zeigen, möchtest im Grunde erkannt werden. Deshalb freut es dich, wenn man sich mit dir befasst und dein Inneres entdeckt werden würde, allerdings muss dazu das Vertrauensverhältnis zu deinen Gesprächspartnern groß sein, um dich ihnen offenbaren zu können. Im Zweifelsfall ziehst du dich sofort wieder zurück.

Ablehnung Es fällt dir weniger schwer, dein Inneres nach außen zu tragen. So kannst du ruhig offen zugeben: „Das habe ich mir auch schon lange mal gewünscht“, oder „Ja, das praktiziere ich auch“. Aus diesem Grund stört es dich nicht besonders, auf persönliche Dinge angesprochen zu werden.

Reis

Thema: Kommunikationsfreude

Verlangen Neuigkeiten gegenüber bist du sehr aufgeschlossen. Du versteckst dich nicht, sondern möchtest gesehen werden, bist aktiv und gesprächsfreudig – ein sehr kommunikativer Mensch.

Ablehnung Du hüllst dich gerne in Schweigen und wirkst deshalb oft geheimnisvoll für deine Mitmenschen. Bewusst hältst du dich im Sprechen zurück und setzt die Kommunikation nur dann ein, wenn es dir einen Nutzen bringt. Im extremsten Fall tendiert dies zu Hinterhältigkeit.

Rettich

Thema: Stärkung der Standfestigkeit

Verlangen In dieser Zeit spürst du in dir einen Kraftmangel und meinst oft, den Kürzeren zu ziehen. Du fühlst dich nicht in der Lage, dich selbst zu behaupten, und möchtest deshalb deine Durchsetzungskraft und Standfestigkeit stärken und versuchst dieses Defizit mit einer gewissen Penetranz auszugleichen (z.B. eine ewig nörgelnde Mutter, die so lange quengelt, bis die Kinder die Hausaufgaben machen, oder ein nörgelnder Chef). Du erreichst also nicht so sehr ein Ziel, weil du so geachtet und respektiert wirst, sondern weil du entsprechend penetrant sein kannst.

Ablehnung Auch du möchtest deine Ziel durchsetzen und erreichen, aber du versuchst es auf einem wesentlich liebevolleren und sanfteren Weg. So gebrauchst du möglichst nette oder bittende Worte, um deine Bedürfnisse durchzusetzen (z.B.: „könntest du nicht, würdest du bitte“ usw.). Auf deine Mitmenschen wirkt dies mit der Zeit allerdings auch nörgelnd und penetrant. Letztendlich erfüllt man dir deine Wünsche, weil du sonst zu lästig wirst.

Anmerkung Rettich und Radieschen sind sehr artverwandt, wobei beim Rettich der Wunsch nach Durchsetzung und Kraft noch etwas mehr zu Tage tritt als beim Radieschen.

Die Energie des Rettichs besitzt eine sehr tragfähige Eigenschaft. Immer wenn Rettich oder auch Radieschen bevorzugt gegessen wird, fühlst du dich etwas kraftlos. Es wäre ein großer Wunsch von dir, wie ein Fels in der Brandung stehen zu können und dich zu behaupten.

Rhabarber

Thema: du stellst dich zur Verfügung

Verlangen Du bist da, wenn etwas benötigt wird. In vielen Belangen trittst du als Vermittler auf und stellst dich zur Verfügung, damit andere etwas lernen können oder einen Vorteil haben (z.B. als Schlichter bei einem Streit). Auch als Model oder Testperson würdest du dich gerne zur Verfügung stellen.

Ablehnung Oftmals entziehst du dich gerne deiner Verantwortung. Im Extremfall grenzt dies sogar ein wenig an Verantwortungslosigkeit.

Anmerkung Wächst Rhabarber in deinem Garten und du verwertest ihn aber nicht, dann nutzt du auch deine eigenen Möglichkeiten nicht entsprechend. Du könntest dich sehr wohl für andere einsetzen, möchtest dich aber nicht ausnutzen lassen. So lässt du diese Möglichkeit verstreichen, was einerseits eine Beruhigung für dich darstellt, nicht handeln zu müssen und sich womöglich dabei bloßzustellen. Aber dennoch ist dir bewusst, dass eine Chance verloren ging, die dir eventuell nützlich hätte sein können.

Rindfleisch

Thema: Übereifer

Verlangen Du zeigst Übereifer in allen Lebenslagen. Z.B. bemühst du dich, eine Arbeit sehr gut zu erledigen oder mehr zu erreichen, Karriere zu machen. Dabei drängst du dich auch manchmal vor, um deine Kraft zur Verfügung zu stellen und um dich darzustellen. Mit diesem Verhalten setzt du dich selbst oft unter Druck, ohne zu bemerken, dass du dir dabei viel auferlegst. „Nein" sagen fällt dir schwer, denn du möchtest dich auch gerne profilieren. Als Vorteil winkt dir die Tatsache, dass dein Werk, dein Tun noch lange nachhallt und dadurch gewürdigt wird. Man erinnert sich.

Ablehnung Du siehst nicht ein, weshalb du dich anstrengen bzw. mehr tun solltest, als notwendig ist. So hast du kein Problem damit, den anderen die Arbeit zu überlassen. Dein Augenmerk liegt mehr bei dir selbst. Diese Tendenz zieht sich bis zur Selbstgefälligkeit hin.

Rochen

Thema: weich und fließend

Verlangen Deine Art ist sehr sanft, gleitend, schwingend. Im Grunde deines Herzens bist du sehr weich und sensibel, deshalb würdest du dich kaum in heftige Diskussionen verwickeln lassen.

Ablehnung normales, neutrales Verhalten

Rosenkohl

Thema: zarte Liebe

Verlangen Deine Seele ist ein bisschen wund, deshalb sehnst du dich nach einem liebevollen Lächeln und Wohlwollen. Es tut dir gut, wenn die Menschen mit einem Hauch von Zärtlichkeit nett mit dir umgehen. Dies könnte sowohl dein Partner als auch ein guter Freund sein. In dieser Zeit ist es dein sehnlichster Wunsch, von solch zarter, feiner Liebe umgeben zu sein.

Ablehnung Du bist sehr robust und widerstandsfähig. Aufgrund deiner inneren Stärke bringt dich kaum etwas aus der Fassung, weshalb du auch in der Lage bist, vieles zu verkraften.

Bei einer starken Abneigung verstärkt sich diese Tendenz entsprechend.

Anmerkung Bei einer Unverträglichkeit sehnst du dich ebenfalls nach Liebe, du befürchtest jedoch diese nicht zu verdienen, und hemmst dich deshalb selbst, dir diese Liebe zuzugestehen.

Rosinen

Thema: Aufmunterung

Verlangen Du bist ein lebensfroher Mensch, der gerne andere aufmuntert, ihnen Mut macht und eine Sache ohne Zögern anpackt. Du wirst immer die richtigen Worte zum richtigen Zeitpunkt finden. Man könnte dich auch als mütterlichen Typus bezeichnen, weil du oft, ohne zu zögern, Hand anlegst, um anderen fürsorglich zu helfen. So hast du mit liebevollen, lustigen und aufmunternden Worten vielen Menschen schon oft Mut gemacht, gabst ihnen den nötigen Anstoß und brachtest manches dadurch wieder in die Gänge.

Ablehnung Du bist durchaus zur Stelle, wenn Not am Mann ist, aber aufgrund deines etwas nüchternen Charakters siehst du Problematiken der anderen mit einer etwas größeren Distanz und fühlst dich nicht so schnell verpflichtet oder genötigt, zu helfen. Aufgrund dessen stürzt du dich auch nicht sofort in eine überschwängliche Hilfsbereitschaft.

Rote Beete

Thema: künstliche Demutshaltung - pingeliger Charakter

Verlangen Du bedauerst, deine Absichten oft nicht genau beschreiben zu können. Aus diesem Grund versuchst du dich durch eine devote Haltung, die man als demütig empfinden könnte, auf diese Weise anzunähern. Dieser Seitenweg bietet dir eine gute Hilfe, Dinge ehrerbietig auszusprechen und zu beschreiben. Somit ziehst du das Publikum auf deine Seite, bekommst Applaus dafür und man empfindet dich als gut und demütig. Letzendlich steht aber Unsicherheit dahinter.

Ebenso kannst du deinen Mitmenschen manchmal sehr auf den Geist gehen, weil du bei der Bearbeitung einer Thematik oder eines Projektes oftmals an einem bestimmten Detail festhältst. Dieser Punkt muss dann ganz genau nach deinen Vorstellungen gehandhabt werden. Dabei besteht allerdings die Gefahr, dass du die Ganzheit der Thematik aus den Augen verlierst. Entsprechen die anderen nicht deinen Wünschen, so kannst du darauf sehr ungehalten reagieren. Wie sehr du deinen Unmut zum Ausdruck bringst, hängt von deinem Selbstbewusstsein ab.

Ablehnung Hier siehst du mehr das Ganze und bist nicht so sehr auf einen einzelnen Punkt fixiert. Die Details möchtest du durchaus richtig bearbeiten, bist aber auch mit einer 50%-igen Lösung zufrieden somit kannst du dich den restlichen Dingen der Thematik wieder zuwenden.

Du kannst Anweisungen neutral und verständlich erteilen und hast nicht das Bedürfnis, das Gesagte schön verkleidet darzustellen.

Ruccula

Thema: Wunsch nach Leichtigkeit und Geborgenheit

Verlangen Der Drang, dich loszulösen, ist in dir vorhanden, und du möchtest das Leben leicht und locker nehmen, mit ihm spielen, es nicht so ernst nehmen. Dennoch suchst du Geborgenheit und benötigst Sicherheit, lehnst aber eine Eingrenzung ab.

Ablehnung Es verlangt dich nach Beständigkeit. Im Vordergrund steht dein Sicherheitsbedürfnis. Du würdest vielleicht gerne ausbrechen, etwas anderes machen, aber die Angst, die Unsicherheit überwiegt. Du traust dich nicht!

Sahne (süß)

Thema: Veränderung

Verlangen Du bist ein kleiner Traumtänzer. In dir ist der illusionäre große Wunsch vorhanden, etwas verändern zu wollen, reell traust du dir dies aber nicht wirklich zu. In deinen Vorstellungen sollte sich alles zu deinen Gunsten verändern, aber natürlich ohne Anstrengung, denn anstrengend findest du bereits die geistige Vorstellung. Im Materiellen etwas handfest anzupacken und umzusetzen, gelingt dir kaum, es mangelt dir letztendlich an Kraft, Willen und Strategie. Deine Wünsche teilst du andern durchaus mit, aber irgendwann stößt dies auf Ignoranz, denn deine Wünsche und Vorstellungen setzt du kaum in die Realität um.

Ablehnung Mit Hilfe deines realistischen Blicks kannst du die Dinge des Alltags besser angehen und sie leicht und fröhlich lösen. Auch bist du sehr bodenständig und entwickelst oft gut durchdachte Strategien, um gewisse Themen zu bewältigen.

Sahne (sauer)

Thema: kleiner Pessimist

Verlangen Auch du hast Wünsche und Vorstellungen, glaubst aber nicht so sehr an die Machbarkeit derselben. So ziehst du dir sofort den Boden unter den Füßen weg, indem du sagst: „Ich weiß ja, dass es doch nicht geht"… Du lässt also die Freude an der Illusion in dir schon gar nicht richtig zu.

Ablehnung Du bist ernsthafter, kritisierst gerne und siehst öfters Probleme in den Dingen des Alltags, die du aber trotzdem gut bewältigst.

Sahnetorte

Thema: Erniedrigung

Verlangen Der Begriff „Erniedrigung" sollte von allen Seiten beleuchtet werden. Das bedeutet nicht unbedingt, dass du erniedrigt wirst oder andere erniedrigst, sondern überlege, was dieses Wort für dich bedeutet. Wenn du dich mit diesem Wort auseinandersetzt, stößt du unweigerlich auf deine eigene Problematik in diesem Zusammenhang.

Ablehnung siehe *Süßigkeiten*

Anmerkung Wie bei allen Süßigkeiten ist auch bei Torten oder Cremespeisen eine zähe und behäbige Art der Bewältigung eines Themas erkennbar. Du lässt dir viel Zeit, um von einer Problematik loszukommen.

Salat (gemischt)

Thema: Wunsch nach Vereinigung

Allgemein Bei gemischten Salaten ist der Wunsch nach Vereinigung sehr groß.

Du möchtest deine verschiedenen Anteile und Aspekte zusammenführen, denn in dir ist ein großes Zusammengehörigkeitsgefühl vorhanden. Immer wenn die eigene Phantasie am Werke ist und viele Zutaten zu etwas Neuem verbunden werden, möchtest du auch verschiedene Strömungen, Wesenszüge miteinander verbinden. Am liebsten würdest du die ganze Welt vereinen. (Kleiner Traumtänzer.)

Salz

Thema: Nachruf

Verlangen Du liebst es, abgeschlossene Dinge immer wieder aufs Tapet zu bringen, denn es fällt dir schwer, Dinge so zu belassen, wie sie sind. Immer wieder redest du darüber, obwohl diese Themen bereits abgeschlossen und vorbei sind. Weil es dich so sehr beschäftigt, wiederholst du Geschehenes oder Vergangenes ständig. Auch wenn du etwas besonders lustig findest, z.B. einen Witz, wirst du diesen immer wieder erzählen, was deine Mitmenschen mit der Zeit als lästig empfinden könnten. Aber aufgrund deiner liebenswerten Art trägt man dir diese Eigenart in der Regel nicht nach.

Ablehnung Dir fällt es leichter, Vergangenes zu belassen. Vielleicht denkst du ab und zu noch darüber nach und schmunzelst oder ärgerst dich manchmal über etwas Erlebtes z.B. ein Streitgespräch, ein persönlicher Erfolg, ein Projekt, das du geleitet, ein Essen, das du gekonnt zubereitet, oder eine schöne Rede, die du gehalten hast. Das Bedürfnis, es anderen ständig mitzuteilen, steht dabei aber nicht im Vordergrund, weil bei dir dieses liebevolle Nachsinnieren überwiegt.

Sauerkraut

Thema: Eifer, Vorstoß wagend, mutig

Verlangen Du entwickelst neue Ideen und setzt sie um und bringst so einiges in Bewegung. Dies kann einer Triebfeder gleichgesetzt werden. Aufgrund deines mutigen und vorspringenden Charakters ergreifst du z.B. als Erster das Wort, stellst Fragen, wagst einen Vorstoß, könntest auch ein Sprecher für andere sein. Möchtest dich gleichzeitig ein wenig darstellen.

Ablehnung Manchmal möchtest du lieber im Hintergrund bleiben, abwartend sein, die anderen „machen" lassen. Du bist eine Person, die sich nicht den Mund verbrennen möchte. Um nicht anzuecken, überlegst du deine Worte lange und mit Bedacht, bevor du sie aussprichst.

Saures

Thema: Entscheidungsfreude

Verlangen Du bist in der Lage, bestimmte Situationen schnell zu erfassen, und daraufhin schnell und sicher Entscheidungen zu treffen. Immer wenn ein Nahrungsmittel auf saure Art und Weise zubereitet wird und ein großes Verlangen danach besteht, zeigt sich dieser Aspekt der Entscheidungsfreude.

Ablehnung Dir fällt es ungleich schwerer, Entscheidungen zu treffen. Stattdessen verharrst du vielmehr in deinen eigenen Problematiken.

Anmerkung Wenn du ein starkes Verlangen nach säuerlichen Speisen verspürst, ist dies grundsätzlich ein energetisches Zeichen für Entscheidungsfreude. Ist eine Speise säuerlich zubereitet, so sollte man bei dem entsprechenden Nahrungsmittel nachschlagen, um die Thematik sowohl des Saueren als auch des Nahrungsmittels miteinander verbinden und verstehen zu können. Vielleicht isst du z.B. gerne eine Speise, die Trauer bedeutet, und diese Speise ist sehr säuerlich zubereitet, so kannst du dich in dieser Zeit leichter entscheiden, diese Trauer zu bewältigen und einen Neuanfang zu wagen.

Schokolade

Thema: große Gefühle

Verlangen Alles, was große Gefühle freisetzt, äußert sich in einem regelrechten Heißhunger nach Schokolade. Das kann sowohl Erregung, Ärger, Wut, Hass, Rache als auch eine große innere Freude und Glücksgefühle, Humor oder Sinnlichkeit sein. Je extremer dein Verlangen ist, desto mehr Genusssucht entsteht, desto haltloser, sinnlicher und triebhafter kannst du werden. (Wobei dieses wertfrei gesehen werden soll.) Körperliches Genießen in allen Richtungen spielt hier eine große Rolle. Frage dich z.B. auch: „Wie stehe ich zum körperlichen Genießen? Habe ich eine Problematik? Möchte ich mehr? Möchte ich weniger? Übertreibe ich? Wo habe ich Defizite?"

Ablehnung Oben Gesagtes reduziert sich in entsprechendem Maße.

Anmerkung Bei starkem Verlangen kann für dich die Überwindung eines Problems nicht schnell genug gehen, während sich deine Seele bei der Ablehnung etwas mehr Zeit mit der Bewältigung nehmen möchte.

Schwarzwurzeln

Thema: Niederträchtigkeit

Verlangen In deinem Leben bist du immer wieder auf alle möglichen Arten mit dem Thema Niederträchtigkeit konfrontiert worden (z.B: in der Familie, Schule, als Zuschauer usw.). Auch wenn du selbst dabei nicht zu Schaden gekommen bist, hast du doch eine enorme Aversion gegen Niederträchtigkeit und reagierst deswegen manches Mal sehr vehement gegenüber Personen oder auch Berichten mit dieser Thematik. Dieses Verhalten stößt in deinem Umfeld oft auf Unverständnis, jedoch ist dein Bedürfnis sehr groß, dich nicht mehr mit Niederträchtigkeiten zu konfrontieren.

Ablehnung Wenn du Themen in Zusammenhang mit Niederträchtigkeiten in deinem Umfeld hörst, dann reagierst du angemessen und nicht so übertrieben. Auch du wirst dich wohl dazu äußern, aber in einem Maß, das dem normalen Rahmen entspricht.

Schweinefleisch

Thema: Nachgiebigkeit

Verlangen Es fällt dir schwer, dich zu widersetzen. Deshalb gibst du oft nach, machst Zugeständnisse, man kann dich „biegen". Auf diese Weise entsteht in dir Unzufriedenheit und du fühlst dich oft „krumm gebogen".

Ablehnung Du erkennst dein nachgiebiges Verhalten und kämpfst dagegen an. Je mehr Ablehnung gegenüber Schweinefleisch in dir vorhanden ist, umso mehr lehnst du dich selbst wegen deiner Nachgiebigkeit ab. Du möchtest dich davon befreien, kannst es aber noch nicht.

Anmerkung Eine besondere Vorliebe für die Fleischkruste hat keine zusätzliche energetische Bedeutung.

Seeigel

Thema: Innigkeit

Verlangen Dein Herz ist weit und offen, und du überforderst in deinem Überschwang manchmal sogar andere, die deine Innigkeit sodann als erdrückend empfinden können.

Ablehnung Hier ist das Gegenteil der Fall: Du hältst dein Herz verschlossen und bist nicht bereit, dich zu öffnen, um Gefühle zu zeigen, was dich mitunter ein wenig streng und karg wirken lässt.

Seeteufel

Thema: hinterfragender Charakter

Verlangen Du möchtest vieles wissen und Zusammenhänge erkennen, hinterfragen und erklären können (vor allem auch auf geistig-spirituellem Gebiet). Du bist jemand, der suchend nach „oben“ blickt.

Ablehnung Hier ist dieser Wunsch nicht so sehr ausgeprägt.

Seezunge

Thema: milder, friedliebender Charakter

Verlangen Du bist ein sehr stiller und bescheidener Mensch, so hört man dich kaum laut reden oder tönen. Deine Beiträge sind oft sehr wertvoll, und so kannst du jedem deine Absichten und Ansichten auf dezente Art und Weise nahebringen.

Ablehnung Hier verebbt allmählich diese stille, sanfte, wohltuende Art, und deine Äußerungen erscheinen für deine Mitmenschen etwas kratzbürstiger und rauer. Du gibst ebenfalls deine Meinung zum Besten, allerdings ohne die Worte dabei bedächtig zu wählen.

Dieser Charakterzug kristallisiert sich jedoch erst bei einer sehr starken Ablehnung gegen Seezunge heraus.

Sellerie

Thema: Nachholbedarf

Verlangen Ständig nagt das Gefühl an dir, noch nicht alles erreicht zu haben. Du glaubst, es geht dir noch etwas ab, bzw. es steht dir noch etwas zu – etwas, das dir gehört, was auf dich wartet.... Deshalb unternimmst du vielfältige Anstrengungen, um dir zu holen, wovon du glaubst, dass es dir zusteht, auch wenn dies Wochen, Monate oder sogar Jahre dauern kann. Durch diese Mentalität entsteht in dir immer ein Nachholbedarf in irgendeiner Sache.

Ablehnung Du kannst dich durchaus mit halb abgeschlossenen Dingen zufriedengeben, weil es dir oft nicht der Mühe wert scheint, Zeit und Arbeit zu investieren, um etwas vollständig abzuschließen (z.B. einen kleinen Fehlbetrag in einem Geschäft zu reklamieren oder extra im Internet nach Informationen zu einem Thema zu suchen usw.). Aus Bequemlichkeit kannst du solche Dinge durchaus belassen.

Anmerkung Stangensellerie: Hier ist dein Bedürfnis, nach dem, „was dir zusteht", bedeutend stärker ausgeprägt, so dass du oftmals sogar penetrant wirkst. Dies zeigt sich z.B. darin, dass du ständig von diesem einen Thema sprichst. Hier ist dein Eifer so stark ausgeprägt, dass sogar die Menschen in deiner Umgebung mit der Zeit nervös werden. Alles muss möglichst schnell geschehen, denn Geduld ist nicht gerade deine größte Stärke. Deine innere Unruhe lässt dich nervös und quengelig wirken, obwohl du nur dein Ziel schnell erreichen möchtest.

Semmel

Thema: Gradmesser für Aktivität

Verlangen Im Extremfall hast du wenig Ausdauer und bist behäbig und bequem. Darüber hinaus besitzt du einen Hang zur Friedfertigkeit.

Ablehnung Hier ist das Gegenteil der Fall: Du bist ein agiler, aktiver Mensch und lässt dich nicht so leicht zur Trägheit und Bequemlichkeit hinreißen.

Senf

Thema: grobe Strukturen glättend

Verlangen Immer wenn irgendwo Disharmonie vorhanden ist (z.B. Streitsituationen, wenn jemand traurig ist usw.), möchtest du dort am liebsten diese Situation glätten, besänftigen oder ins Reine bringen. Dieser Drang in dir entsteht aus einem großen Harmoniebedürfnis heraus. Mit einem offenen Auge erkennst du also solche Situationen, wirst sie prüfend betrachten und abwägen, ob du hier helfend einwirken kannst. Wenn es möglich ist, wirst du es tun. Allerdings überschätzt du dabei manchmal deine Fähigkeiten und bist dann überrascht, wenn dein Verhalten nicht den gewünschten Erfolg bringt.

Ablehnung Du kannst ganz genüsslich in einem Stuhl sitzen und zusehen, wie sich z.B. eine Streiterei entwickelt, und verspürst dabei kein Bedürfnis, einen Finger zu rühren. Vielmehr bereitet es dir großen Spaß, die Situation interessiert zu beobachten. Meist denkst du dir: „Irgendwie werden die Beteiligten selbst eine Einigung erzielen können." Falls aber deine Hilfe wirklich vonnöten wäre, kann man dich durchaus dazu bewegen zu helfen.

Shrimps

Thema: ausweichen (aus Bequemlichkeit)

Verlangen Konfrontationen sind dir einfach lästig, deshalb möchtest du ihnen, wenn möglich, ausweichen. Der Grund hierfür ist allerdings ein hohes Maß an Bequemlichkeit.

Ablehnung Wenn dir Konflikte begegnen, bist du in der Lage, diese neutral zu betrachten, weil dir deine Bequemlichkeit dabei nicht so sehr im Wege steht.

Silberzwiebel

Thema: Wunsch, Entscheidungen treffen zu können

Verlangen Es ist nicht immer einfach für dich, Entscheidungen zu treffen. Zum einen möchtest du Entscheidungen treffen, zum anderen fühlst du dich oftmals dabei überfordert und verspürst deshalb in dir Unsicherheit. Trotz mancher Rückschläge ist dein Bestreben groß, mit Freude und Leichtigkeit Entscheidungen treffen zu können,

Ablehnung Du triffst ohne weiteres sicher und schnell im Alltag deine Entscheidungen, weil dies für dich kein Problem darstellt. Du verstehst auch nicht, weshalb man sich darüber so viele Gedanken machen sollte noch verstehst du, weshalb man wegen einer gefällten Entscheidung einen Freudenausbruch erleben kann.

Sojabohnen

Thema: Interesse und Aufmerksamkeit wird geweckt

Verlangen Oftmals erscheint eine Thematik in deinem Leben, die du mit großer Ernsthaftigkeit und Aufmerksamkeit verfolgst. Forscherdrang steckt in dir, ebenso die Tendenz, zielgerichtet daran zu arbeiten, um auf den „Punkt" zu kommen. Du möchtest am liebsten jede Thematik so lange hinterfragen und ergründen, bis du alles darüber in Erfahrung gebracht hast.

Ablehnung Das Bedürfnis, etwas ergründen zu wollen, ist nicht vorhanden. Du behinderst dich selbst. Hier sind zu viele verschiedene Punkte und Sichtweisen in deinem Leben, die dich davon abhalten, eine gezielte Blickrichtung einzunehmen. Deine Aufmerksamkeit zersplittert sich eher noch dadurch.

Sonnenblumenkerne

Thema: schmackhaft machen

Verlangen Wenn dir von jemandem etwas mit Begeisterung vorgetragen wird und dieser dazu noch den richtigen Ton findet, wirst du sehr empfänglich, so dass man dir auf kulinarischem oder auch auf geistigem Gebiet viele Ideen schmackhaft machen kann.

Ablehnung Möchte man dir Vorschläge schmackhaft machen, lässt du dich nicht ohne weiteres davon begeistern, weil die Absicht, die dahinter steckt, oftmals von dir durchschaut wird und du sie als suspekt empfindest. Häufig haben diese Ideen jedoch keine negativen Inhalte, sondern möchten animieren und als gut gemeinte Ratschläge verstanden werden.

Spargel

Thema: tiefgründig, bohrend

Verlangen Du hast in vielen Dingen das absolute Verlangen, eine Sachlage so lange auszukundschaften, bis du sie in allen Details erkennst und verstehst. Hierfür nimmst du dir viel Zeit und verfolgst auch über Tage hinweg ein Problem, suchst und bohrst mit Ausdauer. Weil du nicht aufgibst und lange forschst, wirkst du auf deine Mitmenschen manchmal penetrant und neugierig. Dahinter steht in Wirklichkeit aber dein ernsthaftes Bestreben, ein Thema vollständig zu ergründen.

Ablehnung Hier ist der Drang nicht so stark vorhanden, eine Ursache herauszufinden, stattdessen ist ein kindlich naives Staunen möglich, was aber letztendlich keine Erkenntnis bringt. (Angenommen, du erblickst bei einem Spaziergang einen Zwerg, dann könntest du dich zwar daran erfreuen, lässt ihn aber stehen und überlegst nicht: Woher kommt er, warum ist er da, was hat er für eine Aufgabe, sondern du gehst daran vorbei.) Das heißt, du nimmst die Dinge zur Kenntnis, bist aber an einem weiteren Erforschen nicht interessiert.

Spinat

Thema: fruchtbringend

Verlangen Alte Vorstellungen beginnen sich zu lösen. In dieser Zeit fällt es dir auch leichter, materielle Dinge auszusortieren und dich davon zu trennen. Deshalb überlegst du dir, was du nicht mehr brauchst, was du behalten willst oder was dir nützlich ist. Ein Neuanfang steht vor der Türe, und du entwickelst dabei sehr viel Euphorie z.B. für neue Ideen, Partnerschaften, Projekte usw. Eine sehr fruchtbringende Zeit auf allen Gebieten.

Ablehnung Du argumentierst mit tausend Wenn und Aber, wenn du dich von geistigen oder materiellen Dingen trennen solltest.

Stachelbeeren

Thema: Treue

Verlangen Gegenüber Personen, Aufgaben oder Verpflichtungen bist du sehr treu. Weil für dich Treue einen sehr hohen

Stellenwert besitzt, bremst du deine eigenen Bedürfnisse immer aus. Ab und zu würdest du deine eigenen Wünsche gerne ausleben, wobei diese jedoch meist völlig konträr zu dem Treueversprechen stehen, das du gegeben hast. Vieles müsste passieren, bis du bereit wärst, deine Gewohnheiten zu ändern oder verrückte Dinge zu tun. Dann könntest du deinem bisherigen Lebensstil aber nicht mehr treu sein. Vor diesem Treuebruch hast du Angst. Gleichzeitig gibt dir diese selbst auferlegte Verpflichtung zur Treue Halt und Schutz, aber dennoch, wenn du ganz ehrlich deine innersten Gefühle beachten würdest, würdest du erkennen, dass hier einiges vorhanden ist, was du ganz anders machen möchtest.

Ablehnung Aus diesen starken Rahmen (des Treueaspektes) befreist du dich selbst, gestehst dir deine Wünsche zu und lebst diese auch.

Stör

siehe *Kaviar*

Sushi

Thema: Vernachlässigung

Verlangen Du vernachlässigst ein wenig deine eigenen Bedürfnisse und Wünsche auf materieller und geistiger Ebene. Wenn deine Seele nach einer gewissen Formung ruft, bzw. sich die Gewissensbildung meldet und dies für deine Seele und auch für dein Unterbewusstsein erkennbar ist, so vernachlässigst du gerne die Aufgabe, dich diesen Anforderungen zu stellen.

Diese vernachlässigende Haltung bzw. auch Abneigung kann sich auch auf Ideen, Projekte, Vorschläge, Angebote usw. beziehen. So kommt es häufig vor, dass du prinzipiell anfangs „nein" zu allem sagst. Durch gute Argumente lässt du dich allerdings vom Wert einer Sache überzeugen.

Ablehnung Du horchst mehr in dich hinein und erkennst deshalb deine Bedürfnisse sehr gut. Entscheidend ist hierbei, dass du versuchst, dich mit deinen Wünschen und Emotionen auseinanderzusetzen. Erst nach reiflicher Überlegung lehnst du eine Thematik ab oder stimmst ihr zu.

Süßigkeiten

Thema: Bewegung und Gefühle

Verlangen In den Zeiten, in denen ein sehr starkes Verlangen nach Süßigkeiten in dir vorhanden ist, wird eine ganze Palette von Gefühlsstrukturen in dir freigesetzt, von sich verweigernden bis hin zu überschwänglichen, ausufernden, hemmungslosen Gefühlen. So möchtest du dir etwas Gutes tun und dich verwöhnen, am liebsten mit lieblichen, süßen Dingen. Mangelnde Eigenliebe ersetzt du unbewusst durch Süßigkeiten. Diese stehen sozusagen als Symbol für diese Liebe, nach der du dich sehnst.

Deine Emotionen übermannen dich wie gesagt oft, und so verstrickst du dich immer mehr in einem Gefühlssumpf. Dies geschieht meist in einer Phase, in der deine Seele bewusst einen neuen Weg aus Problematiken, alten Blockaden und Denkmustern sucht.

Obwohl diese Entfaltung etwas zäh und träge vonstatten geht, verspürst du in deinem Inneren trotzdem eine kontinuierliche Entwicklung.

Darüber hinaus zeigen dir die Süßigkeiten die Art der Bewegung an, wie du die Problematik angehst und diese überwindest (z.B. zäh, träge, schnell usw.), und gleichzeitig erklären sie dir den Inhalt deiner Problematik.

Ablehnung Wenn du Süßigkeiten kaum oder gar nicht zu dir nimmst, befindest du dich in einer neutralen Phase.

Es ist einfach zurzeit nicht notwendig, sich aus einer Blockade oder Stockung herauszuarbeiten.

Je stärker die Ablehnung ist, desto mehr beginnt auch deine Gefühlswelt zu stagnieren. Dies äußert sich oft auch in einer großen Unzufriedenheit mit dir selbst. Du lehnst dich ab, verstößt dich selbst: „Das bin ich nicht wert". Der Grund hierfür ist oft Hader oder Verbitterung.

Bei einer äußerst extremen Abwehr gegen Süßes lehnst du innerlich jeglichen Bewegungswunsch ab und möchtest deine Probleme nur ungern lösen. (Trifft nur für ca. 20% der Leser zu.)

Anmerkung Lehnst du aus Diätgründen Süßigkeiten ab, würdest sie aber dennoch gerne essen, so zeigt dir dieses Verlangen an, dass in dir der Wunsch nach innerer Entfaltung trotzdem besteht.

Die ganze Palette der Gefühlswelten spiegelt sich in extremen Verlangen bis hin zur extremen Abwehr in den Süßigkeiten wider.

Wenn Süßigkeiten mit anderen Nahrungsmitteln kombiniert werden, z.B. Nuß-, Trauben- oder Joghurtschokolade, so ist bei der entsprechenden Zutat nachzuschlagen.

Tee

Thema: Tradition

Verlangen In dir befindet sich ein großes Traditionsbewusstsein (ein wenig adelig). Du baust gerne auf etwas Bestehendem auf und freust dich, wenn du deine Wurzeln erkennst. Ebenso ist dein Charakter nicht flatterhaft, sondern beständig. So würdest du nie etwas „Gewachsenes", was z.B. die „Urväter" geschaffen haben, über Bord werfen, ohne dabei Schuldgefühle zu entwickeln.

Anmerkung Prinzipiell ist jeder Teesorte dieses Traditionsbewusstsein zu eigen.

Bei *schwarzem* Tee tritt dieses Verhalten jedoch vehementer zum Vorschein.

Je *fruchtiger* aber eine Teesorte ist, desto leichter und gelockerter wird dieses Traditionsbewusstsein.

Bei *grünem* Tee kommt noch ein Wachstumsaspekt mit hinzu. Dies bedeutet: Man möchte sich innerlich weiterentwickeln, was aber auch wieder eine Auflockerung der Tradition bedeutet, da man an dem Alten nicht mehr so starr festhält.

Thunfisch

Thema: wuchtig!

Verlangen Du bist sehr kraftvoll, lässt gerne deine Muskeln spielen und bedienst dich verschiedener Hilfsmittel, um deine Kraft zum Ausdruck zu bringen: Dies kann z.B. eine bestimmte Art des Auftretens sein oder eine Gangart, und wie du deine Arme dazu bewegst. Ebenso können viele kleine Symbole, Gesten oder Tätigkeiten dieses dokumentieren. Auch ein Stock, der mitgeführt wird, kann als Kraftausdruck dienen. (Phallussymbol)

Es gibt verschiedenen Abstufungen, aber immer ist eine Kraftdemonstration mit im Spiel.

Ablehnung Die Tendenz der Kraft, des Wuchtigen ist in dir vorhanden, aber du lässt diese nicht zum Ausdruck kommen. Du versuchst deine Kräfte zu zügeln, schränkst dich ein und beraubst dich dadurch deiner Möglichkeiten. (Dies können z.B. auch Frauen sein, die glauben, es wäre unweiblich, ihre Kraft zu zeigen; doch dadurch behindern sie sich letztendlich selbst in ihrer Entfaltung.)

Tintenfisch

Thema: Langlebigkeit

Verlangen Du hast langlebige Gedanken, Ziele, Vorstellungen. So kannst du ohne weiteres ein Projekt mit viel Ausdauer verfolgen, ohne daran die Lust zu verlieren. Gleich dem Tintenfisch bleibst du an einer Thematik haften, saugst dich förmlich fest und lässt nicht davon los. Störung ist dabei nicht erwünscht, deshalb schottest du dich ab, mauerst dich ein, (schließt deine Türe ab), um dein Projekt in Ruhe fortsetzen zu können. Deine Zielstrebigkeit kommt dir dabei sehr zugute.

Ablehnung Dein Bedürfnis, Dinge mit Ausdauer zum Erfolg zu bringen, ist bei dir nicht so stark ausgeprägt. Wenn etwas zu beschwerlich oder kompliziert wird oder nicht mehr interessant genug ist, wendest du dich lieber etwas Neuem zu und lässt das Erste halbfertig liegen.

Tofu

Thema: Geradlinigkeit

Verlangen Du bist sehr bestrebt, geradlinig deinen Weg im Leben zu gehen. Verfolgst du ein Ziel, so kann dich nichts und niemand davon abbringen. Tauchen Hindernisse auf, so versuchst du sie erst gar nicht zu umrunden, sondern gehst auf direktem Wege weiter (gehst du manchmal sogar über Leichen?). Du weißt ganz genau, was du möchtest, und setzt dieses auch durch. Oftmals profitieren auch deine Mitmenschen davon, wenn du Wünsche z.B. als Personalrat für deine Mitarbeiter durchsetzt.

Ablehnung Auch du möchtest gerne deine Vorhaben zu Ende bringen, sollten jedoch andere Meinungen und Absichten auftauchen, bist du gerne bereit, diese anzuhören und zu akzeptieren.

Tomaten

Thema: ständig auf der Suche, Such-Gefahr
(kann zur Sucht werden)

Verlangen Vor lauter Suchen kommst du nicht zum Finden. Du suchst ständig nach Harmonie, Frieden, Wohlwollen, Freundschaft, neuen Erkenntnissen und Wissen, Bestätigung, Anerkennung, Gewinn usw.. Deine Antriebsfeder ist eine gewisse Unzufriedenheit in dir. Allerdings kannst du nicht rechtzeitig innehalten, um in aller Ruhe ein Ergebnis anzusehen und auszuwerten. Darin liegt das Problem: Du übersiehst die Handhabung mit dem Ergebnis. Du bemerkst nicht, dass du innehalten müsstest und sagen solltest: „Was habe ich erkannt und gefunden? Das sehe ich mir an!“ Diese Pause, diese Ruhe gönnst du dir nicht. Dadurch machst du dir das Leben etwas schwer.

Ablehnung Du suchst zwar auch, aber es ist dir trotzdem möglich, beim Suchen durchzuatmen, stehen zu bleiben und das Gefundene zu begutachten.

Vollkornbrot

Thema: schwere, tiefschürfende Gedanken

Verlangen Deine tiefgehenden Gedanken führen manches Mal dazu, dass du in deinem Leben Leichtigkeit, Lachen und Humor nicht zulassen kannst. Treten Sorgen und Probleme auf, kannst du diese gut und sicher bewältigen, empfindest sie aber doppelt so schwer, Du bist geprägt von schweren, trüben Gedanken, auch schweren Emotionen, und wirkst sehr tiefgründig. Entsprechend tief versinkst du auch in deinen Gedanken und Thematiken. Gibst du Erkenntnisse weiter, sind diese oft von einem tiefen, inneren, aber auch „schweren" Wissen gekennzeichnet. In dir steckt jedoch sehr viel Kraft und auch Motivation, all deine Problem und Alltagssorgen zu meistern.

Ablehnung Du gehst mit wesentlich mehr Leichtigkeit und Freude dein Leben an und übertünchst gerne Probleme, damit sie nicht so groß erscheinen mögen, denn du glaubst, wenn ich sie ignoriere, dann könnten sie vielleicht weg sein. Kommen Anforderungen (Bürokratie, Anfragen, Ämter ...) auf dich zu, ist dir dieses lästig, denn du möchtest gerne ein unproblematisches Leben führen, das leicht und sorglos dahinplätschert.

Anmerkung Bevorzugst du helle Brotsorten und Mischprodukte, dann lies oben bei Ablehnung nach.

Walnuss

Thema: Übungsleiter

Verlangen Sehr liebevoll gibst du Hilfestellungen und Hinweise und zeigst, wie etwas zu handhaben ist. Es bereitet dir Freude zu sagen: „Schau, wenn du etwas wissen möchtest, dann zeige ich es dir". Mit sehr viel Geduld lehrst und leitest du andere und freust dich daran, wenn diesen sodann etwas gelingt, was sie sich vorher nicht zugetraut haben. Bei deinen Hilfestellungen hast du aber keineswegs die Art eines Lehrers, sondern du wirkst eher wie ein Helfer oder Hinführender, jemand, der ein Vorbild ist. Es liegt dir also sehr, Anleitungen zu geben bzw. ein Übungsleiter zu sein.

Ablehnung Du denkst, wenn der andere etwas braucht, dann wird er sich schon melden. Aus eigener Motivation würdest du also nicht sogleich auf den anderen zugehen und sagen: „Schau her, ich kann es dir zeigen, .. möchtest du es wissen?", sondern man muss dich erst dazu auffordern, bevor du etwas unternimmst. Dann klappst du z.B. auch bereitwillig dein Buch zu, zeigst, wie man einen Pinsel richtig hält, gibst Tipps beim Kochen, damit es besser schmeckt, usw. Deine Geduld hält sich dabei allerdings in Grenzen.

Wasser

Thema: geistige Klarheit

Verlangen Wenn du am liebsten nur reines, klares Wasser trinkst, so möchtest du dich mit diesem Urquell – dieser Lebenskraft – stärken. Du bist ein sehr verstandeskräftiger Mensch, der in sich klare Strukturen aufweist und nach geistiger Klarheit strebt.

Ablehnung Auch in dir ist diese Klarheit vorhanden, aber je weniger Wasser du bevorzugst, desto mehr nimmt auch die Priorität in dir ab, dich deinen geistigen Kräften, deinen Verstandeskräften, bzw. der Suche nach geistiger Klarheit zu widmen. (Ist wertfrei zu sehen.)

Weintrauben

Thema: will nicht gesteuert werden

Verlangen Dir gefällt es nicht, gesteuert zu werden, und trotzdem geschieht es dir immer wieder, sei es z.B. durch Gesetze, Vorgesetzte, Familienmitglieder usw. Du empfindest diese natürlichen Reglements als Gängelung. Obwohl du dich meistens fügst, missfällt es dir außerordentlich, durch Vorgaben manipuliert zu werden. Musst du z.B. nachts der Kinder wegen öfters aufstehen, wirst du dieses zwar tun, aber es freut dich nicht, weil du schließlich von außen genötigt wirst, dich in diesem Moment so zu verhalten. Dasselbe geschieht, wenn z.B. dein Partner ein zubereitetes Essen termingerecht von dir erwartet oder dein Vorgesetzter etwas von dir verlangt. All diese von außen aufgesetzten Erwartungen, Statuten, Gesetze usw. lehnst du ab, denn du bist eine außerordentlich freiheitsliebende Person. Aus diesem Grund wirst du immer wieder versuchen, auszubrechen, sei es durch Worte, Taten oder unvernünftige Dinge, die du anstellst. Der Hintergrund dieser Taten ist: „Ich entscheide selbst, keiner darf mich steuern."

Ablehnung Es macht dir bei weitem nicht so viel aus, gesteuert zu werden, da es dir leichter fällt, diese äußerlichen Umstände, Gesetze, Vorgesetzte usw. als notwendige Gegebenheiten zu akzeptieren.

Weißkraut

siehe *Sauerkraut*

Wildschwein

Thema: nörgelnd (Widerspruchsgeist)

Verlangen Einen Zustand oder eine Aussage (oder auch ein Gesetz) hinzunehmen und zu belassen, fällt dir außerordentlich schwer, meist „passt“ dir dabei etwas nicht und entsprechend nörgelst du herum. Im Prinzip ist deine Nörgelei harmlos, für den Kommunikationsfluss jedoch manchmal störend. Mit diesem Verhalten bewegst du nicht allzu viel, zumal du bei Sachverhalten oft auch nicht umfassend Bescheid weißt. Eigentlich möchtest du nichts ändern, aber es tut dir gut, deine Pseudomacht zu demonstrieren, indem du in erster Linie „nein“ sagen kannst. Dadurch fühlst du dich stark. Nach einiger Zeit bist du Argumenten aber auch durchaus zugänglich und zum Einlenken bereit.

Ablehnung Du wirst hin und wieder deine Zweifel anklingen lassen, aber nicht in dieser ausgeprägten Form.

Wirsing

Thema: Herzklopfen, Aufregung

Verlangen Im Alltag kannst du nicht zur Ruhe kommen und gelassen reagieren. Durch deine innere Anspannung wirkst du auf deine Umwelt oft nervös und kribbelig.

Ablehnung Wer Wirsing ablehnt, zeigt das Charaktergegenstück, also Tendenzen, sich hängen zu lassen, lasch zu sein. Dich kann kaum etwas aus der Ruhe bringen, weil dir vieles egal ist.

Zander

Thema: gleich-fühlen

Verlangen In dir ist ein großes Verständnis vorhanden, alles als Einheit zu erkennen.

Aufgrund deines ausgewogenen Charakters wirst du dich kaum über andere Menschen stellen. Dieser Drang ist dir fremd. Vielmehr fühlst du dich mit jedem Menschen gleichwertig. So ist auch dein Selbstwertgefühl entsprechend ausgewogen, und manche, die „über" dir zu stehen scheinen, werden von dir nicht als überhöht empfunden.

Ablehnung Dein Selbstwertgefühl ist nicht so stark ausgeprägt, deshalb suchst du Gründe und Beweise, um dich „gleichwertig – fühlen" zu können. Wenn du dich z.B. unterlegen fühlst, ziehst du Argumente ins Feld, die erklären sollen, weshalb andere auch nicht mehr wert sind als du selbst. Du hast den Wunsch, diese zwei Richtungen zusammenzufügen, ins Lot zu bringen, damit das „Sich –gleich- fühlen" erreicht werden kann.

Zitrone

Thema: Lachen, Humor

Verlangen Hier bestätigt sich die alte Weisheit: „Sauer macht lustig." Aufheiterung in allen Lebenslagen und Gemütszuständen. Weil die Zitrone diesbezüglich eine immens hohe energetische Ausstrahlung besitzt, genügt es oft schon, eine Zitrone am Tisch zu betrachten, um dich fröhlich zu stimmen.

Ablehnung Du untersagst dir oft die eigene Fröhlichkeit und verbietest dir, froh zu sein.

Anmerkung Wenn du Zitronenbäumchen liebst, überträgt sich deine Fröhlichkeit auch auf deine Umgebung. In diesem Haus wird viel gelacht.

Zucchini

Thema: Unsicherheit, Traurigkeit, fühlt sich vernachlässigt

Verlangen Ein trauriges Gemüse. In dieser Zeit fühlst du dich nicht besonders wohl. Du fühlst dich vernachlässigt, bewegungslos, traurig, unsicher. Du hast das Gefühl, am Rand einer Klippe entlang zu wandern, und glaubst, jederzeit abstürzen zu können. Obwohl du deinen Weitblick genießen möchtest und freiheitsliebend bist, erscheint dir die ganze Situation sehr zweifelhaft. Dennoch versuchst du, mutig vorwärts zu streben, und doch gehst du immer wieder aus Ängstlichkeit einen Schritt zurück. Dieses Verhalten hat oft eine karmische Ursache.

Ablehnung Du kannst dich nicht überwinden, wenigstens bis zum „Rand der Klippe“ zu gehen, sondern bleibst, bildlich gesprochen, 10 m vorher bereits stehen. Du würdest dich gerne nach vorne bewegen und dich öffnen, aber die Kraft fehlt dir, und die Angst davor ist hier noch ungleich größer. So hinderst du dich selbst daran, neue Wege zu beschreiten.

Zucker

Thema: Wunsch, sich selbst Gutes zu tun

Verlangen Je mehr du deine Speisen süßen möchtest, umso stärker ist der Wunsch in dir vorhanden, dir selbst etwas extra Gutes zuführen zu wollen. Dieses Bestreben ist außerordentlich stark vorhanden, nur die Umsetzung gelingt dir nicht immer. Oft bleibt es nur beim Wunsch, denn du müsstest natürlich auch einiges dafür unternehmen, um dir diesen zu erfüllen.

Ablehnung Dein Verhalten ist neutral. Du bist relativ ausgeglichen und gönnst dir „Gutes" jederzeit im richtigen Maß.

Zwetschgen

Thema: Hinderlichkeit

Verlangen Du hast ständig das Gefühl, dass dir viele, viele Hindernisse im Weg stehen, die dich in allen möglichen Bereichen aufhalten und zu blockieren drohen. Obwohl diese Blockaden letztendlich relativ leicht behoben werden könnten, glaubst du, dass sie große Barrieren für dich darstellen. Ein etwas pessimistischer Charakter, der sich schnell entmutigen lässt.

Ablehnung Auch hier siehst du Hindernisse, hast aber bereits die Kraft dazu entwickelt, diese angehen zu wollen. Du stellst dich bereits dieser Problematik.

Zweiback

Thema: Einsichten

Verlangen Es fasziniert dich sehr, Einsichten zu erhalten, und du bist auch sehr einsichtig. Dadurch wirkst du sehr vernünftig. Wenn du etwas erfährst und es für stimmig hältst, so übernimmst du dieses, setzt es um und kannst sehr gut mit diesen Erkenntnissen arbeiten. Gerne versuchst du auch, Einsichten bei deinen Mitmenschen zu fördern, soweit dies möglich ist. Gelingt es nicht, so lässt du es einfach sein. Diese Tendenz zur Einsicht ist bei dir in allen Bereichen vorhanden.

Ablehnung Vehement sperrst du dich oft gegen jede Art von Einsicht, was sich bis zur Sturheit steigern kann. Obwohl du bei vielen Aussagen genau weißt, dass sie richtig sind, lehnst du sie kategorisch ab und findest stattdessen irgendwelche Erklärungsversuche, die oft nicht plausibel oder nachvollziehbar sind. Wichtig für dich ist dabei nur, etwas nicht zugeben zu wollen. Lässt man dich in Ruhe, so kommst du später von ganz alleine und verkündest das vorher Gesprochene, z.B: „Wisst ihr übrigens, dass …" Es ist deshalb sehr schwer, dir etwas Einsichtiges anzutragen.

Zwiebel

Thema: Nachsicht, Güte, Eigenliebe

Verlangen Im Grunde deines Herzens möchtest du Nachsicht und Geduld üben – mit dir selbst und auch anderen gegenüber. Außerdem ist die Zwiebel ein Sinnbild dafür, wie sehr du dich und andere liebst. Dein Verlangen nach Zwiebeln ist ein entsprechender Gradmesser hierfür.

Ablehnung Dich selbst anzunehmen und zu lieben, fällt dir schwer. Diese Bereitschaft ist etwas blockiert und geht nicht so leicht vonstatten.

Anmerkung Des Weiteren bedeutet die Zwiebel, wenn du sie gerne essen würdest, aber eine körperliche Unverträglichkeit zeigst, dass du eine innere Abwehr der eigenen Nachsicht dir selbst gegenüber hast. Der Wunsch danach ist vorhanden, aber die Aufnahmebereitschaft ist blockiert, sonst wäre die Zwiebel für dich verträglich.

Wenn die Zwiebel klein und fein geschnitten wird, so dass sie kaum noch spürbar ist, versuchst du dich selbst klein zumachen. Du nimmst dich zwar innerlich an, reduzierst dich aber auf ein Minimum. Auch hier ist wieder Selbstachtung und Selbstliebe dein Thema.

Anhang

Meditation: Kommunikation mit meinem Körper

Begib dich gedanklich in deinen Körper hinein, mit Freude und Heiterkeit und Gelassenheit vor allem und mit viel Ruhe und einem Gefühl der Geborgenheit.

Freue dich, dass du deinem Körper nun begegnen darfst. Er liebt dich sehr.

Versuche ihm diese Wertschätzung auch entgegenzubringen. Du spürst ihn bereits sehr deutlich, und er liebt es, wenn du dich mit ihm befasst.

Und so tauche tiefer in seine gesamte Struktur ein. Fühle ihn, deinen Körper, werde eins mit ihm und danke ihm für sein Sein.

Und du spürst bereits die Freude deines Körpers, weil er dich immer mehr und mehr bemerkt und auch erkennt. Er wartet vielleicht schon lange auf dich, um sich dir kundzutun, um das Seine sagen zu können.

Nun ist er bereit und bist du bereit, um miteinander zu kommunizieren. Ihr beide schwingt nun auf einer gemeinsamen Ebene, auf einem gemeinsamen Schwingungsgrad, der es euch ermöglicht, euch nun miteinander auszutauschen.

Und so grüße deinen Körper nun voller Freude und Begeisterung, sage „Hallo" zu ihm, verneige dich vielleicht auch vor ihm, streichle ihn gedanklich und lass ihn deine Liebe spüren.

Fühle nun kurz hinein, wie dein Körper als Ganzes darauf reagiert.

Vielleicht wirst du dich wundern über diese Art der Reaktion, und dennoch freue dich immer wieder darüber.

Und nun sage ihm, dass du gerne an einen bestimmten Punkt hingehen und mit diesem bestimmten Körperteil oder Organ sprechen möchtest. Frage ihn, ob es ihm denn recht ist?

Und du wirst eine zustimmende Antwort erhalten. Er freut sich auf diesen Gruß und auf deine Begegnung.

Und so fühle nun ganz stark dieses Organ oder diese Körperstelle, von der du gerne etwas wissen möchtest. Stelle dir diesen Teil des Körpers nun ganz deutlich vor und lass ihn deine Liebe wiederum spüren.

Grüße diesen Teil, grüße diese Stelle auf das herzlichste und sage: „Hallo, jetzt bin ich da", und fühle hinein, welche Reaktion du spürst.

Sage: „Ich höre dir zu, du kannst jetzt alles sagen, was du gerne möchtest!" Versuche dabei nichts zu denken, sondern nur mit deinem Gefühl zuzuhören.

Alles, was du jetzt hörst, ist richtig. Versuche, ganz wertfrei aufmerksam sein zu können. Versuche, nichts zu verändern, was du empfindest oder was du glaubst, zu verstehen und zu fühlen.

Es ist die Sprache deines Körpers.

Frage nach einiger Zeit: „Was wünschst du dir ganz besonders"? Und auch da verändere nichts von dem, was du jetzt erhältst, was du jetzt empfindest, sondern nimm es einfach an.

Wenn du möchtest, dann sage dieser Körperstelle jetzt: „Ich versuche, dir dies alles zu geben, was du gerne möchtest, ich versuche, dich dieses spüren zu lassen, was du gerne möchtest, oder dir zu bringen oder dir zu geben. Ich tue mein Bestes für dich, und ich danke dir, dass du mit mir gesprochen hast."

Sodann verabschiede dich ganz liebevoll von dieser Stelle und danke ihr nochmals.

Sodann kommst du wieder in deine eigene Bewusstseinsebene zurück, in dein eigenes Tagesbewusstsein.

Du spürst dich selbst nun wieder, du bist nun vollkommen wach und mit Frische und Aktivität umgeben. Und so erwachst du nun aus dieser Begegnung und bist wieder im Hier und Jetzt, mit all dem Wissen, das du mitgebracht hast. Versuche es umzusetzen.

Meditation: Selbstliebe

Stelle dir vor, du sitzt am Rande eines Teiches und bewunderst die Schönheit dieses kleinen Teiches. Vollkommen in der Mitte dieses Teiches blüht eine wunderschöne Seerose. Einzigartig, strahlend schön. Wie gern würdest du diese Seerose aus der Nähe betrachten, doch es ist über den Teich hin nicht möglich, dass du diese Seerose ganz deutlich siehst. Wie gerne würdest du sie aber trotzdem aus der Nähe betrachten!

Genau so verhält es sich mit dir und deiner eigenen Mitte, deiner eigenen wunderbaren Schönheit.

Du glaubst immer, dass du nicht zu dir selbst gelangen kannst, du glaubst, es ist immer eine Entfernung zwischen dir und deinem innersten wunderbaren Sein vorhanden. Dem ist nicht so.

Du könntest ja zu der Seerose mit einem Boot hinfahren und dann wärest du ganz nahe bei ihr, um ihre Schönheit zu betrachten. Eine leichte Übung, ein leichter Weg, eine leichte Überbrückung.

Genau so verhält es sich mit dir selbst. Im Endeffekt bist du dir immer vollkommen nahe, wenn du es willst. Ein Gedanke genügt und du bist bei dir.

Versuche dir diese Kraft, diese Möglichkeit vorzustellen:

Mit einem Gedanken bist du in deinem Inneren bei deiner strahlenden Mitte. Hier ist der göttliche Schein in dir, hier ist das Zentrum all deiner Kraft, deine gesamte Energie, dein gesamter Ausdruck der Liebe. Hier bist du zu Hause, hier kannst du lieben.

Spüre diese Mitte in dir – und im gleichen Moment liebst du dich selbst auf wunderbare göttliche Weise.

Von hier aus wirst du stark, von hier aus wirst du lichtvoll, von hier aus bist du ein Segen für andere und für dich selbst.

Kehre immer wieder einmal zu dieser Mitte zurück. Erinnere dich immer wieder daran, wie schnell du hierhin gelangen kannst, und du spürst augenblicklich deine Kraft, deinen Wert und deine Liebe.

Über die Autorinnen

Hermine Angerer und Mechthilde Grasberger sind beide Kindergärtnerinnen.

In ihrer Freizeit sind sie als „Helfer" tätig, um für sich und andere suchende Menschen Lebensfragen zu beantworten. Zu diesem Zwecke haben sie einen sogen. „Medialen Kreis" ins Leben gerufen, der sich regelmäßig trifft und Antworten aus der geistigen Welt übermittelt und zusammen meditiert. Denn Hermine Angerer entdeckte vor Jahren an sich die Fähigkeit, Botschaften aus der geistigen Welt zu empfangen. Inzwischen „arbeitet" sie meistens mit einem hohen geistigen Lehrer zusammen, der sich *Lyzian* nennt. Ihm sind größtenteils auch die Auskünfte in diesem Buch zu verdanken. Regelmäßig gibt er aber auch Antworten auf die Fragen zu Lebensproblemen, die ihm von den Anwesenden gestellt werden. So ist im Laufe der Zeit ein ganzes Kompendium von hilfreichen Ratschlägen entstanden, die die Autorinnen als CD oder als einfache Abschriften an Interessierte abgeben.

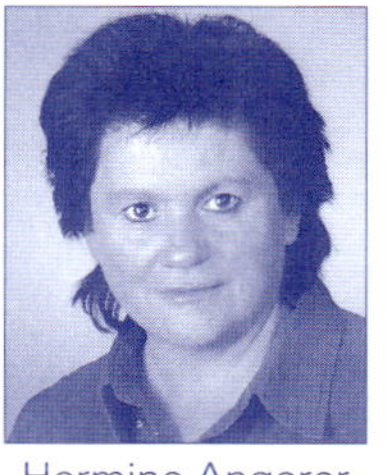

Hermine Angerer

Bei Interesse wende man sich an den

Medialen Kreis - Oberlauterbach
Pfaffenhausener Straße 6
84076 Oberlauterbach
Tel. 08782 - 1884

Mechthilde Grasberger

oder schreibe eine Email an

info@medialer-kreis-oberlauterbach.de

Lebenshilfe-Bücher
im Ch. Falk-Verlag

Lebensziele in Ihrem Geburtsdatum
Band 1 ISBN 978-3-89568-177-3
Band 2 - 978-3-89568-189-9

Das magische Kind in dir
ISBN 978-3-924161-05-4

Hände gut, alles gut
ISBN 978-3-89568-052-6

Meditation der Liebe
ISBN 978-3-89568-140-0

Briefe an dich von Lady Master Guinevere
ISBN 978-3-89568-176-9

El Morya – Herzens-Bildung
Band 1 ISBN 978-3-89568-146-2
Band 2 - 978-3-89568-179-0

Meister Hilarion beantwortet Lebensfragen
ISBN 978-3-89568-161-5

Der Aufstieg der Erde in die fünfte Dimension – 2012
ISBN 978-3-89568-109-7

und Gott sagte, glaub' mir, es ist alles ganz einfach
ISBN 978-3-89568-057-1

Meister Saint Germain Das Tor zum goldenen Zeitalter
ISBN 978-3-89568-135-6

Meister Saint Germain Die Schlüssel fürs Tor zum goldenen Zeitalter
ISBN 978-3-89568-177-6

Die Kunst, Menschen zu führen
ISBN 978-3-924161-68-2

Erzengel Raffael spricht
ISBN 978-3-89568-155-4

Fenster in die Zukunft
ISBN 978-3-89568-192-9

Marias Botschaft der Hoffnung
ISBN 978-3-89568-028-1